GUIDE

DES

PROMENADES

GUIDE

DES

PROMENADES

TYPOGRAPHIE DE FIRMIN DIDOT FRÈRES,

56, RUE JACOB.

GUIDE

DES

PROMENADES

PARIS

PAULIN ET LECHEVALIER

RUE RICHELIEU, 60

—

1855

GUIDE

DES

PROMENADES

AVANT-PROPOS.

De toutes les villes, Paris est celle où l'on se promène le plus. Londres a des jardins immenses, deux ou trois fois grands comme nos Champs-Élysées. Mais dans ces parcs, sauf un seul, *Hyde-Parck*, où l'on voit défiler les équipages de l'aristocratie, on ne rencontre pas, comme à Paris, la foule, qui est le véritable élément de vie des promenades. Le nombre de nos jardins publics est très-restreint. Quand on a nommé les Tuileries, le jardin des Plantes, le Palais-Royal et le Luxembourg, il ne reste plus que la Place Royale, qui est moins une promenade qu'un square. Sous ce rapport, certaines petites capitales des plus petites principautés allemandes semblent, au premier abord, mieux partagées que la capitale de la France ; mais Paris a pour lui une promenade qui vaut à elle seule toutes celles de Londres, de Berlin, de Vienne et de Saint-Pétersbourg : nous voulons parler des Boulevards, ce centre de la flânerie que nous envient tous les étrangers ; les Boulevards, qui n'ont pas d'analogue dans le monde entier. Nous allons tâcher de conduire le lecteur à travers ces différents promenoirs de la société parisienne. Puissions-nous, à l'aide de la plume et du crayon, donner à l'étranger qui ne les a pas encore visités une idée exacte des Champs-Élysées, des Boulevards, des Tuileries, du jardin des Plantes, du jardin du Palais-Royal, de celui du Luxembourg, et du bois de Boulogne !

I. — CHAMPS-ÉLYSÉES.

Nous sommes aux Champs-Élysées, la promenade du beau monde, le mail des élégances, le carrousel des riches attelages ; c'est là que défilent, à une certaine heure de la journée, pendant la belle saison, des rubans d'équipages, la grande dame dans son coupé, le bourgeois dans sa calèche, la femme légère dans son colimaçon, le dandy dans son tandem, puis les cavaliers qui vont au bois, et les amazones qui en reviennent. Cette avenue, qui s'étend de l'arc de triomphe jusqu'à l'obélisque, du monument de Napoléon jusqu'au monument de Sésostris ; cette avenue, où tout passe, où tout change, où l'on se salue, où l'on s'envie, où l'on se hait, où l'on s'admire, voit naître la première mode et le premier bouquet; elle a la primeur de tous les colifichets, et c'est pour se montrer à elle que s'épanouissent en plein soleil tant de toilettes extravagantes. Cette belle avenue des Champs-

Arc de triomphe de l'Étoile.

Élysées est aujourd'hui ce qu'était au siècle dernier le Cours-la-Reine, dont il a été fait tant de descriptions. « Au retour de la guerre, dit Jules Janin, le jeune « capitaine y venait montrer son nouveau ruban et « sa nouvelle épée; un plus galant et moins heureux « se pavanait de sa maîtresse nouvelle en nouvelle pa-

Vue générale des Champs-Élysées.

« rure : qui était nouveau venu à la ville et nouveau
« venu à la cour ; qui avait fait un conte applaudi ou
« une tragédie sifflée ; qui venait d'obtenir un évêché
« ou une magistrature ; le cardinal en sa pourpre
« naissante ; le philosophe au sortir de la Bastille glo-
« rieuse; l'homme acquitté d'une accusation capitale;
« le mari que sa femme enlevée a désigné aux médi-
« sances de cette foule superbe; l'abandonnée en ses
« douleurs; la coquette en ses conquêtes, traînant
« après soi vingt esclaves de parade, afin de grossir
« l'équipage de sa beauté; le grand seigneur qui salue
« à peine ses créanciers, fiers de ce luxe qu'ils payent
« et de cet homme qui les nargue; toutes les gloires et
« toutes les défaites de cette société sans souci et sans
« vergogne, passaient et repassaient par cette chaussée
« ouverte aux vertus, aux hontes, aux ridicules, aux
« vanités. »

Avant d'être ce qu'ils sont, le rendez-vous de la
mode, de la parure, du ridicule, du luxe, de la vanité,
les Champs-Élysées étaient des champs en pleine culture; là où naissent, à l'heure présente, les rubans, les
fleurs artificielles et les coquetteries, poussaient le blé
et la pomme de terre. En 1616, Marie de Médicis avait
fait construire une promenade plantée d'arbres, depuis
le pont de la Conférence jusqu'à Chaillot. Ce fut le
Cours-la-Reine, qui était alors bordé de fossés et fermé
de grilles. En 1670, on planta d'arbres les terrains voisins jusqu'au faubourg Saint-Honoré ; on ouvrit la
grande allée qui est dans l'axe de l'allée des Tuileries,
et l'on donna, sous Louis XIV, à toute cette promenade, le nom de Champs-Élysées. Les Champs-Élysées
restèrent un désert pendant un siècle à peu près. Le

séjour des bienheureux était peuplé de malfaiteurs, et,
pour s'aventurer dans ces allées, il fallait d'abord pa-
tauger dans les mares de boue qui les séparaient du
jardin des Tuileries. En 1770, on replanta entièrement
les Champs-Élysées. Deux autres avenues qui aboutissent à cette promenade, l'avenue de Marigny et l'allée

Rond-point des Champs-Élysées.]

des Veuves, furent plantées vers la même époque. Sous
la Restauration, on commença à construire, sur les terrains marécageux qui se trouvaient entre ces deux
allées, le quartier très-excentrique de François 1er. La
longueur des Champs-Élysées, depuis l'Étoile jusqu'à
la place de la Concorde, située à l'extrémité opposée,

est de plus de quatre cents toises. La moindre largeur de cette promenade est d'environ cent soixante toises. Elle est divisée en deux parties de même longueur par la place du *Rond-point*, au milieu de laquelle s'élève une fontaine d'un style insignifiant, mais qui cependant anime la perspective.

Maintenant que nous savons ce que furent les Champs-Élysées autrefois et ce qu'ils sont aujourd'hui, orientons-nous à travers cette petite ville enclavée dans la grande. Sur la pelouse à droite, s'élèvent des maisons en style gothique entourées de jardins, une sorte de village moyen âge, qui fait face à un autre quartier tout neuf, le quartier Beaujon, parsemé de blanches villas, de frais jardins et d'avenues aux noms sonores, l'avenue Lord-Byron, l'avenue Chateaubriand, l'avenue Fortunée, où mourut Balzac. Ces terrains, coupés de chalets et d'habitations coquettes, appartenaient jadis à l'opulent financier qui leur donna son nom. La Folie-Beaujon fut célèbre entre toutes les folies du dix-huitième siècle, qui eut tant de *folies* et de *bagatelles*. En 1787, la Folie-Beaujon fut vendue à M. Bergerac, fermier général des finances; puis, plus tard, cette belle propriété fut divisée. Une partie, celle qui comprenait le jardin anglais, le belvédère et les anciens bâtiments, fut achetée par la famille Vanderberg: on convertit l'autre en établissement public; on y construisit des montagnes russes, un théâtre, une salle de concert, un très-beau café, un vaste restaurant, une salle de bal champêtre. La mode s'installa alors au jardin Beaujon, et les courses en chars, roulés sur la pente d'une montagne factice, firent fureur. Pendant plusieurs saisons, il ne fut question que de la montagne russe, et la montagne

russe aurait peut-être vécu encore longtemps sur le souvenir de sa première vogue, si, un beau jour, un commissaire des guerres ne s'était très-proprement fracassé
le crâne en se faisant rouler dans un char. La police
intervint, et interdit ce genre de distraction. Plus tard
on obtint l'autorisation de rétablir la montagne russe ;
le mécanisme des chars fut même perfectionné ; mais,
dans l'intervalle, la mode avait abandonné l'établissement, qui ne retrouva plus jamais sa première splendeur, et qui finit par disparaître pour toujours. Le
jardin Beaujon a étalé pendant longtemps le spectacle
de ses pavillons en ruine, de ses belvédères estropiés ;
cela ressemblait à la carcasse d'un feu d'artifice tiré
la veille. Aujourd'hui ce jardin est transformé en un
beau quartier très sain, très-élégant, très-aéré, et très-
habité par la colonie anglaise de Paris.

A Paris, quand s'écroule le péristyle d'un temple
consacré à ce vieux dieu toujours jeune, le plaisir, dix
autres temples s'élèvent aussitôt comme par enchante-
ment. Le jardin Beaujon n'existe plus ; mais, à quelques
pas de là, voici deux ou trois autres jardins enchantés,
le Château des Fleurs et le jardin Mabille. Au Château
des Fleurs, les gonfalons peinturlurés invitent la foule
à venir fouler les gazons arrondis en corbeilles. Les
verres de couleur, habilement disséminés dans les massifs, donnent à la verdure cette couleur bleu tendre
que l'on retrouve dans les paysages des peintres ga-
lants de l'autre siècle. Des fresques animées se détachent
sur un fond de verdure, à travers les écharpes de gaz
et les guirlandes. C'est véritablement le jardin d'Ar-
mide. Les statues palpitantes se groupent, s'enlacent,
et représentent, dans des poses charmantes, les plus

gracieux tableaux de la féerie et de la mythologie. Vénus sort du sein des eaux ; elle secoue sur ses belles épaules ses cheveux dorés, qui laissent glisser sur son corps frémissant les-perles de la mer ; autour de la déesse, les néréides, les nymphes accourues de tous les palais de l'Océan, et le cortége obligé de tritons et de monstres marins. Le Château des Fleurs avait la spécialité des *visions aériennes*, et de tous les tableaux vivants qu'on a vus sur les scènes des boulevards, à l'époque où la plastique faisait fureur. Ces visions étaient, sans contredit, ce qu'il y avait de plus nouveau et de mieux rendu, de plus chaste et de plus gracieux.

En sortant du Château des Fleurs, nous trouvons, sur le même côté de l'avenue, un hôtel à colonnes crénelées, ancienne habitation de quelque notabilité financière du Directoire. Cet hôtel est habité aujourd'hui par M. et Mme Émile de Girardin, le Titan du journalisme et la muse de la patrie.

C'est au coin de cette allée des Veuves, qui avait jadis une si mauvaise réputation, et qui est aujourd'hui, avec sa rangée d'hôtels aristocratiques, une des rues les mieux habitées et les plus élégantes, que s'élève la façade du jardin Mabille, resplendissant de lumière, grouillant de bruits joyeux, de farandoles, de cris, de chansons et de musique. Ce jardin est le marché des faciles amours, le paradis, l'Eldorado, la terre promise des femmes sensibles et des jeunes gens généreux. C'est sous les bosquets de Mabille que sont distribués, par l'aréopage des danseurs, ces sobriquets ingénieux connus de tout Paris : *Sabredache, Pistolet, Mousqueton, Carabine*, noms de guerre et d'amour. C'est à Mabille que se révéla cette royauté formidable qui fut emportée, au bout de trois saisons, par une fluxion de poitrine. Je veux parler de S. M. dansante, polkante et charmante, la reine Pomaré.

De tous les établissements chorégraphiques qui pullulent dans la capitale de la France et du plaisir, le

Jardin Mabille.

jardin Mabille est celui dont la réputation se soutient avec le plus de persévérance.

Après Mabille et le Château des Fleurs, vient le Jardin d'Hiver. Voilà bien des temples ouverts à la danse pittoresque, à la botanique de serre chaude, et à l'illumination féerique, fantastique, mirifique ; et ce sont là d'ailleurs les trois éléments indispensables à tous les Champs-Élysées, depuis qu'Homère, Virgile et autres en ont taillé le classique modèle. De frais ombrages émaillés de fleurs et de lumières, des rondes infinies d'ombres qui se livrent aux charmes d'une céleste chorégraphie, et le fluide lumineux animant de sa clarté transparente les enchantements du paradis ouvert aux âmes heureuses, tels furent de tous temps les Champs-Élysées, depuis ceux de l'Inde jusqu'à Mahomet. Il n'appartient cependant qu'à Paris d'avoir des îles Fortunées par adjudication, et d'en animer la monotonie par l'aiguillon de la concurrence. Oh! si messieurs les poëtes épiques avaient connu et pratiqué un stimulant si énergique, combien se seraient-ils gardés de l'ennui de ces lieux où, pendant les siècles des siècles,

> On peut voir l'ombre d'un cocher
> Qui, tenant l'ombre d'une brosse,
> En frotte l'ombre d'un carrosse.

Ici, à la bonne heure! point n'est besoin, pour entrer, de l'exercice soporifique de toutes les vertus qui font l'ornement du Père-Lachaise : on ne vous demande pas si vous fûtes bon père, bon époux, et le reste; passez au contrôle, cela suffit.

La porte s'ouvre à deux battants pour les ceintures dorées, pour les seins décolletés, les tailles qui se cambrent, les épaules vêtues de pierreries. Pas de fantômes : de belles et bonnes réalités, palpables et sensibles, ah! sensibles surtout. Les flamboyantes cascades du punch remplacent avec avantage les ruisseaux de lait et de miel ; Marx et Pilodo, et quelquefois Musard lui-même, se chargent de l'orchestre élyséen. Entrez ! vous trouverez l'asphalte des boulevards et les plantes du tropique fleurissant côte à côte. Vous entendrez gazouiller des oiseaux ; vous verrez briller les fleurs illuminées par les feux du gaz, et les joues empourprées par le feu de la danse. Entrez ! c'est ici que resplendit la charité en robe de satin, les bras voluptueux, le sein palpitant, la chevelure embaumée. Entrez ! ici le violon, le piano, la harpe, la flûte, et les plus beaux de tous les instruments, le gosier caverneux des basses-tailles, et les lèvres perlées des *prime donne* déployant leurs plus irrésistibles merveilles : on fait de la musique, on chante, et c'est pour les pauvres. Entrez, si vous aimez ces danses, sœurs des entraînantes *cachuchas*, des magnétiques boléros de l'Espagne ; entrez, si vous aimez la grâce enfantine essayant de farder, pour quelques instants, ses charmes ingénus. Concerts, bals d'enfants costumés, bals de belles dames mêlées à de belles sirènes, bals de vierges folles et de vierges sages, le Jardin d'Hiver vous offre tout cela, et par-dessus le marché un palais de cristal botanique, un musée de statues dont le carton-pierre est aussi bien déguisé que possible, un parterre infiniment varié, des jets d'eau, des nappes jaillissantes, des volières, des peintures et des bas-reliefs, des banquettes de fer et des bancs de gazon, des degrés verdis par la mousse, et des escaliers taillés et fouillés en dentelle ; en un mot, l'art et la nature rivalisant, se heurtant, se battant, s'harmonisant tant bien que mal. Miraculeuse puissance de l'or ! Si Paris n'a pas reçu de la nature ce soleil chaud, ardent, ce ciel bleu comme une immense teinte d'indigo, cet air transparent, tiède et clair dont elle a paré des climats plus heureux, Paris a demandé à ses deux démons tutélaires, l'or et l'industrie, de lui faire un ciel, une atmosphère tropicale, et presque un soleil rival de celui qui se montre pour elle trop avare de chaleur et de rayons. Et les deux démons ont obéi. Sous une voûte de cristal, au feu protecteur des calorifères, le Jardin d'Hiver a fait naître et prospérer les riches fleurs qui parent l'Orégon et le Rio-de-Janeiro, les arbres variés dont la plume de Chateaubriand a enrichi les solitudes qu'arrose le Meschacébé; le cactus et l'aloès hérissent leurs piquants auprès des camélias, fleurs des salons, et les ravissantes belles-de-nuit voilent leurs pudiques couleurs devant l'éclat de leurs sœurs; les capucines, pauvres fleurs modestes qui s'épanouissent avec tant de grâce sur la croisée du pauvre, s'enlacent aux grandes tiges des palmiers, et les magnifiques arums, avec leur cornet de velours blanc, s'entremêlent à une grande variété de plantes : n'oublions pas les verveines aux brillantes couleurs, et les hortensias bleu tendre et roses. L'or est une grande puissance : il a réuni dans ces parterres abrités sous un ciel factice de verre, traversés par des dalles et du bitume, sillonnés de tuyaux de fonte, tout ce que la nature offrait de plus élégant, de plus beau, de plus frais, de plus riant ; il appelle chaque soir, au bruit des instruments, aux entraînements de la danse, tous les trésors du luxe et de la beauté ; il est à la fois le mobile et le moteur, la récompense et l'instrument, la cause et le résultat de toutes ces merveilles.

Que l'Orient cesse de nous vanter les fêtes de ses harems, les illuminations de ses bosquets enchantés!

Entrez au **Jardin d'Hiver** au milieu des splendeurs du
gaz, lorsque chaque fleur a pour l'éclairer comme un
ver luisant aux reflets de phosphore, ou une étoile
égarée du ciel et tombée sur le gazon; lorsque le gaz
éblouit les regards de ses feux rassemblés en soleil, ou
es repose, tamisé à travers les prismes de couleurs

Jardin d'Hiver.

variées; lorsque la lumière se plie à ses plus prodi-
gieuses transformations, tour à tour guirlande, cascade
buisson, fleuve, nappe mobile et flamme fixée. Mais,
quel que soit l'éclat des fleurs inanimées qui reflètent
tant de feux, les fleurs vivantes, les houris du Jardin
d'Hiver, ne brûlent pas de la jalousie qui dévore leurs
sœurs les odalisques du sérail. Loin de briser ces verres
magiques, ces cristaux étincelants; loin de massacrer

sans pitié les roses, les camélias, elles veulent n'en faire qu'une parure, qu'un charme de plus ajouté à leurs parures, à leurs charmes ; roses, camélias enlevés à leur tige, se pavanent en bouquets dans leurs ceintures, sur leurs seins palpitants, mêlent leur fraîcheur aux étincelles des pierreries, aux reflets nacrés des perles, à la moire antique et à l'or. Fleurs trop heureuses, dans l'Orient vous servez de gage et d'interprète à l'amour ; mais si les péris de nos Champs-Élysées préfèrent au classique mouchoir de soie un châle de cachemire ; si les *selams* de fleurs entrelacées n'ont pas à leurs yeux autant d'attraits que les charmes du cabinet particulier chez Bignon ou Vachette, au moins ne dédaignent-elles pas votre secours pour rehausser leurs charmes naturels ou factices : et ne vous plaignez pas si parfois vos couleurs sont éclipsées par ces teints enflammés, car vous ignorez l'usage du fard et du carmin ; vous êtes belles et fraîches de votre beauté, de votre fraîcheur.

Hop ! hop ! galop sonore, musique retentissante, sifflement de fouets, sauts et bondissements cadencés, frénétiques hourras, applaudissements à tout rompre. Hop ! hop ! le cirque, les chevaux, les écuyers, les éléphants, Auriol et M. Franconi ! Arrière, Romains, avec vos amphithéâtres de géants, vos colosses de gradins hérissés de têtes, vos gladiateurs, vos naumachies, vos chasses aux cent mille bêtes fauves, vos rhinocéros et vos crocodiles ! Arrière, Olympie, cet Epsom, ce New-Market de la Grèce ! Les anciens faisaient marcher le cheval, nous le faisons polker ; ils s'asseyaient sur la selle, et nous y faisons de la prestidigitation et de la haute jonglerie. A cheval, on franchit les écharpes

tendues, les cercles hérissés de lames, les tonneaux de
papier ; à cheval, on se transforme, on s'habille, se dés-
habille ; on prépare le repas, le repas du troupier ; on
danse, on bondit, on tombe et on retombe ! Le cheval
meurt, se relève, porte son maître dans les dents, poursuit l'ennemi, le met en déroute ; l'homme se méta-
morphose en chariot, et, tenant des roues au bout de
ses bras en guise d'essieu, roule poussé par les jambes,
la tête sillonnant la poussière. Écuyers et écuyères font
assaut de force, d'adresse, d'agilité, de souplesse. Sur
des coursiers lancés à fond de train, se balancent, comme
la danseuse espagnole sur le théâtre, des corps souples et
gracieux de femmes, et des corps robustes et musculeux
d'hommes ; des bras nerveux, solides, et des jambes
déliées, arrondies, au galbe séduisant. Puis des enfants
de tout âge, en bleu, en blanc, en vert, en rose, des
fils du désert, bronzés sous leur haïk de mousseline et
leur fez de velours rouge, courent, voltigent, s'élancent,
bondissent, rivalisant d'audace et de bonheur. Puis
vient l'homme serpent, décomposant sa charpente os-
seuse, marchant sur les mains, sur les coudes, sur le dos,
sur le menton, sur tout, excepté sur ses pieds. Puis enfin
Auriol, l'incroyable Auriol, ce nain dont tant de géants
envieraient les hauts faits ; Auriol, cabriolant sur une
frêle pyramide de bouteilles et de saladiers, mangeant,
buvant, sonnant de la trompe, et faisant même l'exercice à feu avec les pieds écartés en Y, les talons regar-
dant le ciel, et la tête appuyée, et maintenant le corps
en équilibre, sur l'étroit goulot de la bouteille qui en
forme le sommet.

Franconi a toute une histoire. Il commença ses exercices de voltige en même temps que la révolution com-

mençait ses exercices de nivellement et de destruction.
L'écuyer compta parmi ses élèves bien des grands hommes d'alors, généralement plus solides à la tribune que
sur les arçons. Il vit tomber autant de législateurs que
ceux-ci voyaient s'écrouler de constitutions et de gouvernements. L'arène de Franconi fut aussi fertile en

Le Cirque.

illustrations hippiques de toute sorte que celle du monde
en illustrations humaines. Elle était en privilége de
fournir des coursiers d'honneur pour toutes les céré-
monies publiques. Ainsi, ses écuries ont donné des chevaux bais aux fêtes de la révolution ; pommelés , aux
triomphes de l'Empire ; blancs, au retour des lis et au
sacre de Reims. Les divers maîtres appelés par les vœux

inconstants de la France ont caracolé, harangué, passé
des revues en compagnie des élèves du Cirque. Plusieurs vont jusqu'à prétendre que le même coursier ramena triomphalement Napoléon de l'île d'Elbe, et Charles X de Gand ; mais nous avons trop favorable opinion de la race chevaline pour croire un de ses représentants capable d'une pareille versatilité, dont tant
d'hommes politiques donnaient alors l'exemple. Jusqu'à ce jour, les hommes seuls ont passé, avec raison,
pour des girouettes changeant à tout vent, pour des
tourne-sol sans cesse en adoration vers le soleil levant.
Le soir est arrivé ; les cafés chantants s'illuminent,
les musiciens se placent à l'orchestre, les Malibran et
les Sontag à 10 francs de feux sont en scène... On ne
se figure pas la terrible concurrence que ces opéras en
plein vent ont faite à l'Académie de musique. Il y a cinq
ans tout au plus que le café chantant a commencé. D'a-
bord, ce fut le chariot de Thespis ; quatre planches sur
deux tréteaux portèrent des ménestrels dont la voix
s'usait en exercices plus ambulatoires qu'harmoniques.
La vielle des anciens jours et la traditionnelle guitare
furent bientôt abandonnées. Un beau soir, les tréteaux
disparurent, et firent place à des kiosques élégants, dorés, vernissés, enjolivés de glaces et de peintures, et ornés de rideaux de velours, s'il vous plaît ! L'orchestre
et les chanteurs, qui jusque-là avaient travaillé chacun
de son côté, se réunirent, et, à partir de ce jour, l'o-
péra populaire fut fondé.

Depuis longtemps on s'habitue à dire que l'art se
perd, que rien ne progresse, et que nous descendons
chaque jour la pente de la décadence. Cela est devenu
une phrase toute faite, une sorte de menue monnaie de

conversation. J'avoue que le premier qui me fit cette triste révélation m'humilia profondément : je songeais avec horreur que j'étais un Français de la décadence. Maintenant encore, il ne se passe pas un seul jour sans qu'un critique sérieux éprouve le besoin de déclarer que le goût s'en va, et que nous marchons tout droit à la barbarie. N'en déplaise aux misanthropes qui ont des yeux

Café chantant.

pour ne pas voir, je déclare que l'art, pour employer ce substantif dont a tant abusé une certaine école littéraire, est en bonne voie de progrès. J'admets qu'en s'universalisant il perd peut-être de son idéal; mais, d'un autre côté, il gagne en étendue, et, pour ne pas citer d'exemples en dehors du sujet, je demande si ces cafés élégants, avec ces femmes vêtues de satin rose et de satin blanc, avec ces jeunes premiers de second ordre, ne sont pas un progrès sur la guinguette de barrière ? Il n'est pas rare de voir, au milieu du public bourgeois, des ouvriers, attablés devant un pot de bière, assister aux exercices lyriques des différents opéras élyséens. Ne vaut-il pas mieux pour eux qu'ils entendent un duo de Rossini exécuté par des artistes élémentaires, que s'ils allaient s'enfermer dans ces guinguettes, fort joyeuses sans doute, mais où ils laissent trop souvent leur raison et leur santé ?

Ce qui distingue surtout ces établissements lyriques, ô pères de famille ! c'est une moralité qui laisse bien loin en arrière le Gymnase enfantin. Les liqueurs y sont peut-être un peu douteuses, mais la consommation musicale satisfait le plus grand nombre des habitués. La chansonnette du café chantant est bien moins grivoise que celle du Palais-Royal; la romance célèbre toujours la flamme de M. Alfred pour Mlle Eugénie, et M. Alfred ne manque jamais, au refrain du dernier couplet, de conduire Mlle Eugénie devant une écharpe municipale.

Le propriétaire d'un des quatre ou cinq cafés chantants des Champs-Élysées s'est presque immortalisé l'année dernière. Ce grand homme composa quarante breuvages entièrement nouveaux, et différents les uns des autres, auxquels il donna le nom général de boissons américaines. Pas un de ces breuvages n'a une dénomination spéciale; ils sont tout simplement numérotés comme les fioles d'un alchimiste, ce qui est, si je ne me trompe, le comble du génie. Lorsqu'on pénètre dans cet établissement, un des garçons vous aborde, et s'exprime en ces termes :

— Monsieur veut-il des américaines?

— Oui, servez-moi une américaine.

— Quel est le numéro de Monsieur ?

— De quel numéro voulez-vous parler ?

— Très-bien, répond le garçon ; je vois que Monsieur n'est pas au courant de la chose : on va faire venir le docteur.

Vous ouvrez des yeux étonnés, et vous pensez tout naturellement que le jeune Ganymède a perdu l'esprit.

— Qui a demandé le docteur ? crie une voix partie des profondeurs du comptoir.

— Par ici le docteur !

Un monsieur en habit noir et en cravate blanche s'approche de vous, vous tâte le pouls, vous examine, vous ausculte, puis dit ensuite sentencieusement au consommateur ébahi :

— Monsieur a un tempérament nerveux : servez-lui le numéro 27, coupé par le numéro 18 ; et comme Monsieur est en ce moment sous une influence paracopique et trépidative, vous ajouterez quelques gouttes du numéro 35.

Ainsi, Monsieur, continue-t-il en s'adressant au consommateur, veuillez prendre la peine de retenir votre numéro, ou plutôt vos numéros : 27 coupé par 18, édulcoré de quelques gouttes du 35. Quand vous reviendrez ici, vous pouvez demander votre breuvage, ainsi étiqueté, en toute confiance, et il vous fera le plus grand bien.

Du café chantant, nous n'avons qu'un pas à faire pour être chez Ledoyen, un restaurateur célèbre comme ils le sont tous. Le pavillon Ledoyen est le rendez-vous des déjeuners à deux et des soupers fins. Ce restaurant a encore une autre spécialité : c'est là que s'arrêtent ordinai-

rement, en revenant du bois de Boulogne, les raffinés du
point d'honneur ! Le premier feu essuyé, combattants
et témoins ne dédaignent pas d'aller terminer la rencontre dans un cabinet particulier. Je sais des témoins
qui se sont engraissés dans l'exercice de leurs fonctions
conciliatrices. Le propriétaire de l'établissement en

Pavillon Ledoyen.

question ne voit jamais passer deux fiacres à la suite
l'un de l'autre, et contenant chacun trois personnages,
sans comprendre ce que cela veut dire. « Plumons les
canards ! s'écrie-t-il ; voilà des combattants qui ne tarde-
ront pas à se transformer en convives : toutes les casse-
roles sur le feu ! » Et, de fait, une heure ne se passe pas
sans que six gaillards affamés par l'air vif du matin ne
se présentent sur le seuil du restaurant.

« Je sais ce que c'est, Messieurs, dit avec bonhomie le Vatel des Champs-Élysées : un déjeuner de réconciliation, quelque chose de fin et d'apéritif. Tout est préparé : le canard est fumant et aux olives ; il ne vous reste plus qu'à vous mettre à table. M. Alexandre Dumas s'est placé à cette même place lors de son dernier duel ; un beau duel celui-là, Messieurs, un duel de premier choix ! il s'y est bu six bouteilles de champagne. »

L'honnête restaurateur doit donc sa fortune au dieu malin et au préjugé du point d'honneur : il a des canards pour tous les champions, et des perdreaux truffés pour tous les amoureux.

Je n'ai pas parlé des plaisirs d'hiver aux Champs-Élysées.

Dans les jours de neige et de glace, la grande allée offre un spectacle qui donne une idée de la *perspective* de Pétersbourg : les traineaux au col de cygne ou de chimère glissent, emportés par deux chevaux en flèche.

Un grand nombre de fêtes ou de solennités extraordinaires ont également lieu dans les établissements des Champs-Élysées, au Jardin d'Hiver, au Château des Fleurs, ou au Cirque olympique.

Le Cirque a également servi à des solennités officielles : c'est dans la salle du Cirque qu'eut lieu la distribution des récompenses nationales accordées aux exposants français de l'Exposition universelle de Londres. Quinze jours auparavant, c'était dans cette même salle qu'il avait été procédé au tirage de la fameuse loterie dite *du Lingot d'or*.

Les Champs-Élysées sont aussi la patrie de certains individus qui ne ressemblent en rien au commun des mortels, et qui n'existent qu'à cette condition. Les uns ont plus de six pieds, les autres semblent des spécimens du royaume de Lilliput. Celui-ci a quatre jambes ; celui-là a deux têtes, et, qui pis est, deux estomacs ; d'autres, avec une conformation physique en apparence peu différente de celle des autres hommes, ont cependant des mœurs diamétralement opposées aux nôtres. C'est ainsi que l'un marche habituellement sur la paume des mains, la tête en bas et les pieds en l'air ; l'autre n'a pour nourriture que des cailloux, des lames de sabre et des étoupes enflammées.

C'est la cité des monstres, cité cosmopolite. Le Lapon y coudoie le Patagon, et il n'est pas jusqu'aux lions du désert qu'on n'y entende parfois mêler leurs rugissements au bruit des instruments et des voix glapissantes qui retentissent éternellement dans ce pandémonium forain.

Dans cette ville fantastique, jadis située au carré Marigny aux jours de fête, tous les sens sont charmés à la fois. L'odorat est chatouillé par les parfums qui s'exhalent des cuisines et des fritures en plein vent. Le regard ébloui s'étend sur une longue suite de tableaux-affiches représentant les plus curieuses merveilles du globe ; l'oreille se dilate au son de vingt grosses caisses accompagnées d'autant de trombones, et enjolivées des gammes chromatiques de la perçante clarinette. Ici on court la bague sur des *pur sang* de bois. L'escarpolette vous tend les bras de ses fauteuils ; sous cette tente, on se livre à un repas champêtre ; plus loin, on arrache des dents avec accompagnement d'ophicléides et de gencives, comme dit Bilboquet : partout la joie est à son comble.

Ce carré Marigny, qui apparaissait aux jours de ré-
jouissances populaires tout resplendissant de tableaux
peints à la détrempe, tout parsemé de balançoires, de
chevaux de bois et de tourniquets ; le carré Marigny, qui
a été la terre classique des dioramas, des panoramas, des
géoramas, des néoramas, des navaloramas, et de tous
les *rama* possibles, est aujourd'hui envahi par le palais
de l'Exposition universelle. C'est là que tout Paris a été
contempler le panorama de la bataille de la Moskowa,
et le panorama plus célèbre encore de la bataille d'Ey-
lau, deux chefs-d'œuvre de perspective dus au pinceau
ou plutôt à la brosse du capitaine Langlois. Maintenant traversons la grande allée, et, de ce côté de la
vaste promenade, nous allons rencontrer bien d'autres
merveilles.

Voici les chanteurs ambulants, qui psalmodient tour
à tour la romance sentimentale et la cantate patrio-
tique. Vous voyez dans cette harpiste en châle de tartan,
dans cette guitariste en robe trop courte, dans ce gamin transformé en Paganini nomade, les plus intrépides vulgarisateurs des compositions à la mode. A
côté de ces musiciens qui exécutent chacun sa partie,
il y a aussi l'homme-orchestre, qui joue à la fois du
violon, du chalumeau, des cymbales placées entre ses
genoux, et de deux ou trois autres instruments. Cet
artiste fait autant de bruit à lui seul qu'une douzaine
d'exécutants. L'homme-orchestre a le privilége d'attirer
autour de lui les enfants, les militaires et les cuisi-
nières, qui forment, on le sait, la portion la plus sensible et la plus enthousiaste de la nation française.

Voici Guignol, ce théâtre célèbre qui n'a qu'un acteur, Polichinelle, et qui se passe des comptes rendus

des Aristarques du lundi. Après février 1848, Polichinelle s'était lancé, comme son confrère de Naples *Pulcinella*, sur la mer orageuse de la politique. Aujourd'hui il est redevenu ce qu'il avait toujours été, un batailleur, un vantard, un démolisseur de commissaires, et finalement un personnage fort réjouissant pour son naïf auditoire. De l'autre côté, ce sont les jeux du bourgeois parisien: jeu de ballon, jeu de balle, jeu de cochonnet. En traversant l'avenue, je suis poursuivi par

Guignol.

un artiste muni d'une brosse et d'une pierre ponce, qui veut à toute force détacher le collet de mon habit neuf, et j'ai toutes les peines à me détacher moi-même de ses étreintes obstinées. J'arrive au fauteuil barymètre, à côté du dynamomètre. Ce dynamomètre est une invention toute philanthropique, au moyen de laquelle l'homme peut faire l'essai de ses forces de la façon la plus pacifique. Un simple coup de poing appliqué sur un plastron rembourré devient le témoignage irrécusable de votre vigueur ou de votre faiblesse. Par le fauteuil barymètre, vous mettez en pratique la maxime socratique : *Connais-toi toi-même*. Tout à l'heure vous vous rendiez compte de votre force, maintenant vous allez connaître votre poids. Ce fauteuil est une balance. D'une année, d'un mois, d'une semaine à l'autre, vous pouvez mesurer les progrès de votre maigreur ou de votre embonpoint, et par suite modifier votre régime. Cette consultation hygiénique coûte cinq centimes, et elle en vaut bien une autre.

Un tir à l'arbalète, entre tous ceux qui se partagent les francs-archers nationaux, mérite une mention spéciale. Si quelque maladroit vient à frapper le but, on voit une Judith lever son sabre aussitôt, et trancher la tête d'Holopherne. Tenant le sac classique, la servante, en costume de laitière des environs de Paris, est d'un effet très-pittoresque. Après tout, comme couleur locale, cela vaut bien le cabas en tapisserie qu'avait introduit Horace Vernet dans un de ses tableaux retraçant cette galante histoire de la Bible.

Tout à côté est le nécromancien populaire qui prédit le passé, le présent, l'avenir, et *même le futur*. C'est le prophète de la petite propriété, moyennant *cinque* centimes. Il fait le petit jeu à toutes les personnes qui veulent bien tirer une carte et un sou.

En quittant le nécromancien, je rencontre la somnambule la plus lucide de l'Europe, qui devine les animaux, les minéraux, les végétaux, plus, une foule d'autres objets dont suit une nomenclature superflue. Maintenant la science vous réclame. Les secrets de la physique vont être dévoilés par un professeur en plein vent. Les auditeurs sont nombreux, les appareils déployés sur une grande table. La machine électrique fonctionne : pour un sou on se fait électriser ; on assiste à la formation de la foudre, les phénomènes de l'électricité n'ont plus de secret pour personne, la bouteille de Leyde éclate pour tout le monde. Qui voudrait, pour la bagatelle de dix centimes, refuser de se donner l'innocente frayeur de l'étincelle électrique ? Ce cours de physique ambulant est aussi suivi que ceux de la Sorbonne ou du Collége de France. Tout ce qui est mystérieux impressionne vivement les masses : aussi la physique serait-elle sans rivale dans l'empressement de la foule, si la musique n'existait pas.

Laissons passer, tout en souriant, le véhicule microscopique, la *récompense des enfants* ; c'est la calèche ou l'omnibus aux chèvres, toujours *complet*, traîné par quatre de ces quadrupèdes richement harnachés, et s'acquittant de leur fonction avec une douceur qui ferait croire qu'ils ont connaissance de leur enfantin fardeau.

La voiture aux Chèvres.

N'oublions pas de parler un peu de cette ombreuse allée si charmante et si odorante dans les beaux soirs d'été, l'allée Gabrielle. Ce chemin est bordé par les jardins des aristocratiques hôtels du faubourg Saint-Honoré, le jardin du Cercle impérial tout resplendissant de lilas, puis le jardin de l'ambassade d'Angleterre, aux pelouses verdoyantes. Tout à côté se détache, à travers les grands arbres, le splendide hôtel de Pontalba, un palais merveilleux, le plus riche peut-être, et à coup sûr le plus élégant de cet élégant quartier. Voyez cet autre jardin hérissé de ronces, de plantes parasites, il a pour proprié-

taire un homme trois ou quatre fois millionuaire, qui a
trouvé plaisant de placer en face de l'avenue un tombeau
en fonte qui rappelle celui d'Héloïse et d'Abélard. A
deux pas, l'ex-hôtel Sébastiani, où se joua, en 1847, ce
drame lugubre qui jeta la consternation dans Paris et
dans toute la France. Un peu plus loin, les sentinelles
échelonnées de distance en distance vous avertissent que
vous êtes devant une demeure officielle. Voici l'Élysée.
Le palais de l'Élysée, dont la construction remonte au
dernier siècle, fut habité, sous la Restauration, par le
duc de Berry. Pendant les dix-huit années du règne de
Louis-Philippe, il offrit l'image de la plus désolante solitude. Allez maintenant vers le Cours-la-Reine, cette promenade à la mode au dernier siècle, et qui aujourd'hui
n'est plus qu'un chemin banal ouvert aux célérifères de
Passy, aux vélocifères de Saint-Cloud, aux gondoles de
Versailles, et à tous les omnibus qui partent de la barrière des Bons-Hommes pour jeter les voyageurs dans les
différents quartiers de la capitale ; et vous trouverez
tout le long du quai ce long tunnel qui produit un si
triste effet, et qui est une des annexes du palais de
l'Exposition.

II. — **LES BOULEVARDS.**

Partant de la place de la Concorde, une double haie
de maisons, grandes et belles comme des palais, conduit, sous le nom de rue Royale, jusqu'à un temple
grec dépaysé, la Madeleine, copie gigantesquement am-
plifiée du Parthénon d'Athènes. Ce monument élevé

sur un large frontispice de colonnes, son fronton aigu,
et dominant l'océan d'habitations à cinq ou six étages
qui l'étreignent de toutes parts, et fait voir par-dessus
les mansardes son toit aux larges pans, tout resplendissant du zinc qui le recouvre.

la Madeleine.

Telle est la première station du voyage auquel nous
vous invitons. Il s'agit de traverser une Europe au
petit pied, un univers réduit aux proportions d'une
promenade de cinq kilomètres ; en un mot, nous allons naviguer de la Madeleine à la Bastille, en passant par les régions diverses qui prennent noms de
boulevard des Capucines, boulevard des Italiens, boulevard Poissonnière, boulevard du Temple, etc., etc. ;
car la géographie parisienne a orné de noms divers ces

contrées si différentes, avec non moins de raison que l'atlas des cinq parties du monde; et vous changez moins en passant de France en Russie qu'en foulant le bitume qui regne devant Tortoni, si vous descendez des sommités du Gymnase ou de l'Ambigu.

Paris est-il possible, a-t-il une existence réelle, si vous le supposez sans ses boulevards? Mieux vaudrait intercepter la principale artère, arrêter le cœur, supprimer le cerveau d'un être organisé. Il resterait une capitale quelconque; mais Paris?... Pour avoir une capitale en effet, que faut-il, sinon un ensemble suffisant d'ogives et de cintres, de piliers en faisceaux et de colonnes à feuilles d'acanthe, de vitraux et de dômes en cristal, de palais et de maisons? Ajoutez de la boue, de la fortune, de la misère, des criminels et des avocats, des prisons et des académies; puis un certain nombre de sociétés de gens de lettres, de philanthropes, de savants, du luxe et du macadam, des rues et des places publiques; amalgamez le tout, et vous obtenez le résultat demandé. Paris possède, de plus que tout cela, deux choses uniques, introuvables ailleurs : ses boulevards et ses badauds, le contenant et le contenu.

Il fallait, de tout temps, un centre à l'activité, à la curiosité, aux loisirs, à la flânerie des Parisiens. Sans vouloir remonter aux temps fabuleux de la place Royale et aux promenades au bord de l'eau dans la saison des bains, promenades qui ont fourni une réflexion épigrammatique à la Bruyère, n'avons-nous pas vu sous la Restauration ce duel terrible entre le faubourg Saint-Germain et la Chaussée-d'Antin, entre l'hôtel écussonné de la rue de Varennes et la maison coquette de la rue Saint-Georges, entre le grand seigneur et le parvenu?

3.

Cette lutte s'est terminée au profit du quartier d'Antin. Le noble faubourg, abandonné comme un vaincu, n'a gardé que ses demeures aristocratiques, ses souvenirs, et peut-être ses espérances. La rive droite a absorbé la rive gauche, le papier timbré a remplacé les parchemins : Carthage a tué Rome. D'un côté, le bruit, le mouvement ; de l'autre, l'immobilité et le silence : par ici, le commerce, le luxe, les affaires, la foule ; par là, la vie du foyer, l'étude, le travail administratif : en un mot, Paris et la province séparés par un fleuve et joints par un pont.

Ébranlé par ce déplacement subit des affaires et du luxe, le Palais-Royal, ce Capharnaüm des nations, cette ville enclavée dans une autre ville, ne tarda pas à décroître, vivant de souvenirs, de jeu, et de prostitution. Un arrêt exila, au nom de la morale publique, les vierges folles qui se glissaient le soir, resplendissantes de paillettes, sous les sonores arcades ; un vote parlementaire ferma les temples du hasard, d'où s'échappaient à chaque instant, aux appels de la rouge et de la noire, de métalliques tintements ; et, à l'heure qu'il est, le Palais-Royal lutte de monotonie avec la place du Marais, et voit comme elle, unique délassement de ses loisirs, les enfants sauter à la corde ou poursuivre des parachutes.

Les boulevards ont hérité de tant de splendeur et de gloire. Ils sont devenus, à leur tour, le rendez-vous de l'univers, le point de ralliement de tous les peuples : forum cosmopolite ouvert à toutes les langues, centre merveilleux où aboutissent les chemins des cinq parties du monde. Londres a son Regent-Street, fourmillant d'équipages, de stickmen, de millions en habit noir, de misère en guenilles noires aussi ; Madrid réunit sous les ombrages qui accompagnent sa Puerta del Sol tous les types originaux, gracieux et pittoresques de *caballeros*, de *gitanos* et de *manolas* qu'ont enfantés les crêtes ou les vallons de ses montagnes, les bords de ses fleuves et les rives de ses mers.

Voulez-vous voir à Rome un abrégé de l'Italie? étudiez un dimanche la place Saint-Pierre ; à Pétersbourg, la fameuse Perspective vous montrera ses foules émail·lées d'uniformes, ses croix, ses crachats, ses épaulettes. Mais Paris a ses boulevards ; ses boulevards, où vous verrez tout cela pêle-mêle, côte à côte, ensemble ou séparément. Pour faire connaissance avec notre monde sublunaire, connaissez bien les boulevards : une excursion faite avec soin instruit plus et mieux que tous les voyages de messieurs les touristes, gens à courte vue, cherchant au loin, mais ne trouvant pas ce qui leur crève les yeux, ce qui les serre, les heurte, les coudoie de toutes parts.

Bien plus sage le badaud philosophe, en proie à tant d'amers et injustes sarcasmes! Il sait que, pour qui les voit bien, l'aspect de ses boulevards, non-seulement justifie, mais encore communique une curiosité contagieuse. Il sait qu'on ne résiste pas à cette parade sans cesse renouvelée des masques, des costumes, des travestissements les plus imprévus, les plus étranges, les plus incroyables, les plus variés; il sait qu'après l'avoir contemplé une fois, on revient tous les jours le savourer de nouveau, ce spectacle éternellement animé et mouvant, ce va-et-vient éternel, ce mélange inouï de toutes les races humaines représentées par tous les échantillons imaginables de leur beauté et de leur laideur, de leur originalité et de leurs analogies, de leur génie supérieur et de leur infériorité. Avant les beaux jours du boulevard, un désert en ouvrait l'entrée, une prison en terminait la ligne. De la porte Saint-Honoré à la porte Saint-Antoine, les deux points extrêmes, bien des espaces vides s'ouvraient béants, et séparaient les rares maisons ! Aujourd'hui la rangée se continue, et développe sans interruption son demi-cercle, de l'ancien temple de la Gloire érigé par Napoléon aux héros de la grande-armée, jusqu'à la colonne debout sur les restes des victimes de deux révolutions. L'ancien domaine des prélats immortalisés dans le Lutrin de Boileau, la Ville-l'Évêque, la ferme des Mathurins, et autres fiefs ecclésiastiques, il y a soixante ans à peine encore tout entrecoupés de bourbiers, de flaques d'eau, de murs de clôture, de masures isolées et de chantiers de bois, ont vu leurs solitudes se hérisser de maisons splendides, se remplir d'une population riche, luxueuse, et mondaine surtout. Pour elle, le temple de la Gloire a renoncé au culte demi-allégorique et demi-mythologique de cette divinité passée de mode, et s'est mis sous l'invocation de la pécheresse repentante, qui fut riche et mondaine aussi. Des noms ont survécu seuls avec cette boue, sœur aînée de Paris, que le climat, vainqueur tous les jours des préfets de police et des agents de salubrité, renouvelle sans se lasser depuis les premiers âges de la vieille Lutèce. Mais ce n'est plus l'antique et honnête boue, tout uniment mêlée et pétrie de terre et d'eau ; cailloux broyés menu comme poussière, rouille, substances calcaires, animales, végétales, sans cesse triturées, amalgamées, humectées, liquéfiées, atomes appartenant à tous les règnes de la

création, tels sont les éléments du gâchis administratif de la fange perfectionnée avec garantie du gouvernement, dont le Parisien doit la jouissance aux
bons soins de ses ministres ; et, reconnaissant, il a créé,
lui, le grand créateur d'expressions pittoresques, un
terme pour désigner ce mélange inconnu : la boue est
devenue du lait : on patauge dans le lait de macadam.
Où commence le macadam, commencent les boulevards.
Celui de la Madeleine ne compte que peu de maisons,
ainsi d'ailleurs que son voisin, le boulevard des Capucines. Mais que ce sont là de belles, riches, confortables
demeures, dignes d'abriter l'opulence et les loisirs dorés
de leurs heureux habitants ! Balcons ouvragés, larges
sculptures encadrant les fenêtres, épais rideaux ; en bas,
somptueux étalages, où se déploient, à longs plis, robes
chatoyantes, onduleuses, aux mille couleurs, châles
tissés d'air et de soleil, étoffes précieuses, aériennes
dentelles, où la mode établit son arsenal de parures
élégantes, de toilettes à ravir. O Madeleine ! que tu dois
avoir d'intercessions à adresser au Très-Haut, en faveur
de tes protégées en proie à tant de séductions ! Une
conspiration semble formée pour attaquer l'âme par
tous les sens. N'est-ce pas ici que l'art le plus délicat,
le plus doux sans contredit, fait litière de chefs-d'œuvre ?
Le sucre, le caramel, les fruits confits, la pâte tendre,
se plient à plus de changements que n'en inventa
Ovide, à plus de métamorphoses que n'en eût imaginé
Protée, à plus de combinaisons inattendues que la chimie n'en eût fourni à Lavoisier, doublé de Berzelius ;
et l'œil le plus distrait s'arrête au passage, dans une contemplation souvent dangereuse de ces enchanteresses
devantures. Que de fois vous verrez, je ne dis pas des

enfants, de petites filles, mais bien de grandes, de fort grandes demoiselles, d'autres qui ne le sont plus, et voire même de terribles porteurs de barbes, en extase devant les prodiges de la tarte et du petit-four, devant les édifices de sucre candi, les pyramides 'de bonbons et les montagnes de gâteaux! A ce ravissant spectacle, plus d'un crispe ses doigts au fond d'un porte-monnaie, hélas! trop dégarni; plus d'un, fasciné par les charmes de tant de belles et bonnes choses, franchit le seuil du temple de la gourmandise, et, peu soucieux de l'offrande obligatoire, aborde résolûment le sanctuaire: lisez, le comptoir. Ce sanctuaire est un salon doré, laqué, verni, poli, plein de fresques, de glaces, de colonnettes, de cannelures; rien n'y manque: gracieux tête-à-tête où l'on s'assied nonchalamment, fauteuils élastiques où l'on repose sur la soie et le velours, sourires diamantés de belles dents, que prodigue mainte agaçante sirène de magasin, à l'œil noir, à la main blanche. Au milieu d'un paradis que Mahomet eût rêvé pour ses élus, vous savourez des chefs-d'œuvre de l'art, chefs-d'œuvre enfantés en vue uniquement du goût des amateurs, et atteignant sans faute leur but, celui de chatouiller et de faire délicieusement vibrer en eux la fibre la plus sensible.

Puis, dès que vous avez dégusté un nombre raisonnable de ces petites merveilles qui croquent sous la dent et parfument le palais de saveurs odorantes, ou qui fondent, laissant une douce fraîcheur, s'avance un plateau curieusement fouillé par le ciseau de quelque Benvenuto travaillant trop souvent chez M. Ruolz; et vous êtes invité à goûter également d'un vin incomparable, soit qu'il ait cuit au soleil de Madère ou de

Constance, soit qu'il ait emprunté aux landes borde-
laises son amertume siliceuse, soit que, plus divin encore, il reconnaisse pour père le Vésuve ou l'Etna aux
bienfaisantes éruptions, puisqu'ils produisent le lacryma-
christi. Malheureux ! plongez-vous dans cette ivresse de
toutes les faveurs de la fortune ; hâtez-vous de jouir :
le bonheur n'a qu'un instant, et je vois une main traî-
tresse traçant furtivement quelques chiffres...

Tout à côté, autres séductions. Nous ne parlons plus
seulement des piéges tendus à nos sens grossiers : la
haute poésie, la haute éloquence, drapées dans leur plus
hellénique manteau, se haussent sur leurs talons et nous
proclament des prodiges. Allez lire les volets emphati-
ques, où les pruneaux, la pâte de réglisse et l'huile
d'Aix ont su inspirer et faire écrire des dithyrambes :
allez, et n'entrez pas.

Là également station des voitures, le débarcadère et
l'embarcadère des omnibus. Mercier, qui consacre trente
lignes aux boulevards, accorde aux fiacres de son temps
le même honneur et le même espace : pour nous, s'il
nous faut aussi quelque chose comme sept à huit livrai-
sons pour notre odyssée à travers cette rue immense
qui passe tout au milieu de notre monde parisien, il
faut que nous réclamions l'indulgence, si même proportion et même travail ne sont accordés aux divers exem-
plaires qui nous sont conservés de l'invention d'Érich-
thon ; car c'est ce bon vieux roi qui le premier, selon
Delille,

> Osa soumettre au joug deux coursiers orgueilleux,
> Et, porté sur un char, s'élancer avec eux.

Il serait fort curieux de le voir revenant sur la terre, et

contemplant les petits-fils de ce char où il domptait les coursiers orgueilleux. Que de choses, grand Dieu! qui peuvent rouler sur deux ou quatre roues! Des coffres allongés, des boîtes arrondies, des claies, des grillages, des cercueils mal joints, des corbeilles, des paniers, des banquettes! tout, excepté peut-être des formes gracieuses. Arrêtons-nous un instant, un seul, à contempler cet assemblage de véhicules aux mille aspects, aux mille vitesses. Ici, le lourd omnibus, criant sur ses essieux, avec son cocher drapé ou plutôt englouti, tant son manteau se replie sur lui de cascade en cascade, avec son conducteur penché en avant et cherchant de l'œil le complément de sa boîte roulante. La machine enfin fait halte : coups de sifflet, double flux et reflux de gens qui descendent en hâte, offrant parfois les plus incroyables raccourcis, les plus grotesques galbes de tailles, de jambes et de tournures; échange bruyant de cachets, enchevêtrement de paniers, parapluies, cannes, cartons à chapeau, et souvent épisodes tragi-comiques, tels que réclamations bruyantes, objets perdus, directions opposées, comme ceux qui ont passé par la Madeleine pour se rendre du Marais à la barrière Saint-Jacques. Plus loin, la voiture de remise, cinglant avec sa cargaison de dandys, au milieu des ondes d'une mer toute hérissée de crinières perlant la sueur, de chapeaux cirés, de fouets en branle et de pavillons d'omnibus. Arrive encore le fiacre à l'attelage suant, soufflant, rendu; avec son conducteur toujours crotté, quoiqu'il ne mette jamais le pied à terre, sans doute parce que cette boue est congéniale avec ses grosses bottes et son immortel et indestructible pantalon. Puis le cab composé de deux capotes de cabriolet superposées, avec le guide derrière, tenant

un fouet et des brides à n'en plus finir; le cab, qui
prouve qu'en fait d'innovation dans la carrosserie, il ne
reste plus qu'à mettre l'attelage derrière, en compagnie
du cocher. Le cab est parfaitement laid, c'est convenu,
et non moins absurde; mais il attire les regards de la
foule, et c'est assez. Deux belles dames passent un jour,
rengorgées dans d'élégantes et luxueuses toilettes, au
fond du véhicule anglais. Profitant d'un embarras de
voitures, un monsieur se précipite... Vous croiriez qu'il a
vu quelque danger imminent, ou qu'il est intime des
brillantes voyageuses; mais non... c'est un simple et vul-
gaire amateur de la beauté elle-même. Et quel est le mot
qu'obtiennent les objets de son admiration : « Vous êtes
charmantes, mes toutes belles : voudriez-vous bien ne
pas oublier mon adresse?... » Et il leur jette sa carte,
carte glacée, parfumée et dorée sur tranche, ma foi!
Après cela, Mesdames, tenez-vous dans des voitures ex-
centriques et exceptionnelles, pour qu'on s'imagine que
ces voitures-là sont pour vous ce qu'étaient pour les prê-
tresses de Vénus la branche de myrte dans les dents, et
le kings-charles pour les lorettes d'il y a dix ans.

Ce boulevard s'est beaucoup embelli depuis que le
lourd et noir monument qui servait d'hôtel au ministre
des affaires étrangères a été démoli, et a fait place à d'é-
légantes constructions. Les richesses et les illustrations
de tout genre ne manquent pas au boulevard des Capucines. On y trouve côte à côte le haut commerce, l'industrie artistique, la fabrique en grand et l'hôtel écussonné. Voici le noble hôtel d'Osmond, porté par ses
lourds pilastres, et mystérieusement abrité derrière une
avant-cour et des murs jaloux. Vieux nom aristocrati-
que, vieux souvenir d'une splendeur qui vit sous les

verts ombrages, au fond des parcs et des châteaux. A
côté, c'est Bapst, autre vieux nom, autre antique gloire :
nom qui réveille les idées d'homme habile et d'homme
probe, du patriarche fondu avec le commerçant ; Bapst,
chez qui l'on naît apprenti et l'on meurt contre-maître,
chez qui l'on travaille encore à l'établi, même quand on

Boulevard des Capucines.

est riche de ses économies, et dont tous les ouvriers
sont inscrits sur le grand-livre de la dette publique.
Puis le Benvenuto moderne, Odiot, qui depuis cinquante
ans voit le Pactole solidifié s'entasser dans ses ateliers,
dont il sort avec un prix double, et sous toutes les formes que l'art pur, élevé, délicat, sait donner à l'or et à
l'argent.

Citons aussi Christophle, et rappelons en même temps

le pavillon de Hanovre, élégante construction qui, après
avoir vu les joyeuses folies du siècle passé, sert maintenant de boutique à un orfèvre en faux.

Là aussi vous trouverez réunis, amoncelés, empilés sans
ordre, mais pourtant non sans idée de goût et de grâce,
de vrais musées d'antiquités et de curiosités de toute

Pavillon de Hanovre.

espèce, candélabres, pendules, meubles artistement
fouillés, reliquaires, dieux indiens, statuettes, médailles,
crucifix, tableaux même, et vieilles étoffes : en un mot,
le riche supplément du musée de Cluny. Et, pour arri-
ver au terme de notre première exploration, jetons un
coup d'œil final sur un artiste moderne, Tahan, qui rivalise avec les plus merveilleux produits des siècles pas-

sés, dont nous venons de voir de si beaux échantillons.

Ce sont là des gloires de la France, non moins que tel littérateur, tel politique, tel général; des noms qu'on peut proclamer sans faire crier à la réclame.

Le fameux Boule est vaincu : sous la main de ses successeurs modernes, dont nous admirons les chefs-d'œuvre, l'ébène, l'acajou, le palissandre, le bois de rose,

La rue de la Paix.

se marient si harmonieusement avec les métaux précieux le cristal, le velours, la soie, qu'il est difficile de songer encore à la matière, en présence des miracles de l'art. Voici d'ailleurs les grands, les splendides magasins de luxe; nous approchons de la rue de la Paix, du boulevard des Italiens.

A certaines heures, la flânerie se concentre sur ce boulevard : les gens d'esprit et les gens de lettres, ce qui n'est pas absolument synonyme, s'y donnent rendez-vous ; les personnages sérieux y viennent étaler leurs croix et leur abdomen ; en un mot, pour parler l'argot emphatique des feuilletons, sur ce bitume fameux s'agite, à certaines heures, Paris entier, tout Paris, c'est-à-dire quelques femmes à la mode, des artistes de tout genre, des lions à tous crins, des hommes de toute qualité, et surtout cet assemblage cosmopolite d'individus élégants, fastueux, qui n'ont peut-être pas un sou de patrimoine, et dont le gilet est irréprochable, la botte luisante, et la bourse bien garnie.

D'où viennent-ils? où vont-ils? que font-ils ? Ils hantent les meilleurs restaurants, ils ont les premiers tailleurs, et quelquefois même ils humilient les fortunes les mieux équipées, par la bonne tenue de leurs gens et le luxe de leurs équipages. Ils apparaissent un beau jour sur le boulevard, météores inattendus, projetant les rayons de leurs richesses énigmatiques; ils se font recevoir dans les cercles, se faufilent dans les salons, et se montrent chaque soir aux premières loges des théâtres, avec ces faciles sirènes que les riches enfants du siècle attellent au char de leur vanité. Puis, au bout de quelques mois, lorsqu'on commence à s'émouvoir de ce faste, de cette vie splendide, le météore s'obscurcit, l'étoile file, les inconnus disparaissent, et tout est dit; car si l'on s'informe quelquefois de ceux qui arrivent, on ne s'enquiert jamais de ceux qui s'en vont :

> Météores douteux, étoiles du hasard,
> Que j'en ai vu filer au ciel du boulevard.

Parmi ces êtres ambigus, ces logogriphes vivants, on

a remarqué plus d'une fois le type original et caractéristique du baron de contrebande, si adroit à se glisser
vers les tables de jeu, si expert dans les pratiques équivoques du baccarat et du lansquenet. Chacun l'a vu, sa
badine en main, la poitrine retentissant de breloques et
étincelant de décorations inconnues, le visage accusé et
barbu, la mine haute et guindée. Il a pénétré dans les
salons d'élite; il a été croupier, banquier, partner,
vis-à-vis les plus fières notabilités de la politique, de
la finance, des arts, voire même de la noblesse. Et
que demande-t-on à un homme porteur d'un habit
noir et de mains fraîchement gantées, pour l'introduire
dans les meilleures sociétés ? Quelques manières, une
recommandation, et de l'or, beaucoup d'or. Qu'il soit
beau joueur, qu'il perde de bonne grâce et paye comp-
tant, qu'il évite honteusement Charlemagne, selon une
expression reçue, dont l'origine nous est inconnue, et il
sera sûr du succès. Libre à lui de manœuvrer ses cartes
de manière à maîtriser et à corriger la fortune : qu'il
soit adroit, et l'on découvrira ses larcins le lendemain
du jour où sera divulguée sa généalogie.

Côte à côte avec cet aventurier ou ses semblables, on
voit aussi passer les honorables dandys, bien connus,
du reste, qui promènent régulièrement leur ennui, hiver
comme été, sur le bitume boueux ou l'asphalte brûlant.
A ceux-là les douceurs du far-niente, et les calmes cir-
culations digestives qui suivent quotidiennement leurs
orgies à trois francs par tête. La fantaisie ne nous vien-
dra pas même de les chicaner sur l'inopportunité de leurs
arabesques après boire, dans le but d'inspirer à leurs
concitoyens quelques doutes sur leur sobriété proverbiale. Ce sont de braves et honnêtes lions, qui ne sont

féroces qu'à l'épiderme, et qui offriront plus tard l'exemple de toutes les vertus domestiques. On en a vu, sortant tout uniment du modeste restaurant à prix fixe, les cheveux hérissés, le poil défrisé, en contraste avec leur chevelure du matin, si lustrée, pommadée, bichonnée; et les passants, peu au fait, de se récrier sur les ex-

Le café de Paris.

ploits bachiques et autres du lion qui s'était artistiquement grimé en lendemain de mardi-gras ; tandis que le vrai badaud, familier avec les ruses de cette férocité réfléchie, se contentait de penser que ce monsieur pourrait bien n'être qu'un garçon coiffeur chargé du rôle de prospectus vivant. Par les beaux jours d'été, le boulevard des Italiens se couvre d'une triple guirlande d'éclatantes toilettes, de frais chapeaux, de fleurs multicolores. Tortoni, le café de Paris, le café Riche, ont échelonné des siéges pour les dames, des banquettes et des tables mobiles pour les adorateurs du punch glacé, du cigare, et de la littérature quotidienne. La promenade offre alors le plus riche, le plus étonnant, le plus merveilleux coup d'œil qui se puisse imaginer : c'est un fleuve paisible d'habits noirs émaillés, de robes de soie, qui passe et repasse ; un monde de jolies femmes et de messieurs quelquefois beaux, plus souvent laids ou disgracieux. L'esprit, la bêtise, les propos malins, les phrases lourdes, la politique et la médisance, s'y mêlent en feu infiniment choisi et varié : les nouvelles heurtent les bons mots ; les calembours accrochent leur pointe aux raisonnements ; l'Anglais siffle au milieu de l'harmonie italienne, et les *eutsch* germaniques entrecoupent la volubilité française. Incessamment la foule se recrute par toutes les tranchées qui aboutissent au grand canal : les équipages arrivent, poudreux, du faubourg Saint-Germain ou des environs de l'Élysée ; les beautés à la mode descendent sémillantes par les rues Laffitte, Lepelletier, Taitbout, du Helder, vomitoires ouverts à propos pour servir de communication entre les nids charmants de Breda-Street et l'arène du boulevard. Ici le feuilletoniste vient chercher un dénoûment, et se résoudre à tuer ou bien à marier son héroïne ; ici le vaudevilliste assaisonne son couplet à succès de tous les aromes épicés qui volent, par l'air ; ici le nouveau débarqué cherche la Parisienne idole de ses rêves ; ici l'homme poursuit une négociation épineuse, et le garde de commerce un débiteur insaisissable. Le dandy

étale ses grâces, le lion sa crinière, le léopard sa four-
rure ; partout s'exhalent en fumée l'ambition et le pa-
natellas, les prétentions modestes et le cigare de la ré-
gie. Tout est fumée sur le boulevard des Italiens : ces
toilettes, dont la plupart n'ont pas été payées ; ces lions,
comparables au buste de la fable ; ces gens d'esprit, qui
n'en ont que mis en contact avec la machine électrique : et, dans toute cette fumée, la plus franche, la plus
profitable est encore celle du tabac.

Il faut de la pâture réelle, palpable et substantielle à
toute cette féroce population, qui ne justifie son nom
que par son appétit. N'allez pas croire que les lions du
boulevard de Gand, plus sobres que leurs frères du Sahara, vivent exclusivement de cigares et d'œillades, de
politique et de flânerie. La faim, mauvaise conseillère,
les pousse régulièrement hors de l'asphalte, théâtre de
leurs exploits ; et régulièrement tous les asiles offerts
aux affamés ouvrent à deux battants leurs portes bienfaisantes et hospitalières. Il vient une heure où le bruit
du champagne se mêle au grondement incessant de la
foule ; où la fumée du tabac fait place aux bouquets des
vins issus de tous les coins de l'univers vinicole, une
heure où Paris flâneur cesse de se promener, pour
manger. Puis après cet acte pour lequel se dépensent
tant de millions ou tant de génie, cet acte que, sans
être paradoxal le moins du monde, on peut considérer
comme le grand, le suprême mobile de la vie sauvage
ou civilisée, la digestion reste encore, œuvre non moins
importante, quoique moins active, et surtout pour les
estomacs blasés des enfants heureux de l'opulence.
Après les mille inventions de l'art des Chevet et des
Véfour, le café, stimulant sublime

4.

Qui manquait à Virgile, et qu'adorait Voltaire.

Après le café, les glaces, s'il fait chaud, les spiri-
tueux, s'il fait froid ; c'en est là plus qu'il n'en faut
pour remplir la soirée du boulevard. Paris, et surtout le
Paris élégant, est un souverain tyrannique et voluptueux qui demande ses aises : il faut le servir avec recherche, avec zèle, avec prévenance même. C'est peu
pour lui de dîner, il exige encore sa demi-tasse et son
journal, ce bienheureux journal, devenu un besoin
pour le fat, qui prétend tenir d'un attaché au minis-
tère la nouvelle qu'il vient de lire parmi les on-dit de
telle feuille inconnue du soir, comme pour le rentier,
qui l'aime à l'égal de sa partie de dominos : ce journal,
lu en cachette par le politique qui le dédaigne et se
prétend renseigné mieux que ceux à qui il emprunte
ses renseignements, est dévoré, depuis le premier-Paris
jusqu'à la signature du gérant, par l'abonné à la foi robuste, auquel le coupeur des nouvelles diverses n'a jamais taillé assez de pâture.

Tortoni, le premier, comprit l'étendue de ce besoin ;
et sa grandeur est antérieure aux beaux jours du boulevard. Les beaux esprits de l'Empire venaient commenter, assis sur ses banquettes, les bulletins de la
grande-armée ou la dernière tragédie de M. Luce de
Lancival : c'est chez Tortoni que fut entendu cet im-
prudent chansonnier qui eut le malheur de demander
une orange en recommandant qu'elle fût épluchée, car
il n'aimait pas l'écorce, et qui expia un méchant calem-
bour par quelques mois de prison. Quand les alliés, nos
chers amis les ennemis, attaquaient la barrière de Cli-
chy, leurs complices du dedans savouraient chez Tor-

toni des glaces symboliques: bref, Tortoni eut longtemps le monopole de servir d'amphitryon à toutes les
illustrations de l'Empire et de nos règnes des rois bien-
aimés. Il devait voir enfin s'élever au dieu qu'a célébré
Berchoux des autels et des sanctuaires rivaux: la Maison dorée, qui succédait aux splendeurs des Véry et

La Maison dorée.

des Véfour, le café de Paris, le café Riche, combattirent
sans le vaincre leur vieux prédécesseur, et brillèrent,
sans l'éclipser, sur le même bitume et dans la même
latitude. On peindrait difficilement le luxe, l'éclat, la
pompe qu'ont déployés dans leur émulation ces temples
ouverts à la bonne chère, à la sensualité. Bignon offre
dans ses salons dorés, sur ses piles orientales de cous-

sins tout crépitants de soie, des merveilles d'opulence, de faste et de recherche que n'auraient pas rêvées les conteurs des *Mille et une Nuits ;* dans ses cabinets particuliers, la Maison dorée a su réunir assez de trésors d'élégance, de goût et de grâce, pour faire envier à la reine des fées de pareils boudoirs. Nous proposerions à tout honnête père de famille, désireux de neutraliser un peu chez son fils l'admiration mortifère qu'on lui a insufflée de la pauvreté romaine et du cynisme lacédémonien, ces deux fléaux du collége, nous lui proposerions de le conduire au sein de ces sanctuaires dédiés à Plutus : car Plutus, hélas ! est plus que jamais, et plus que partout, l'introducteur obligé. Certes, le fanatique des Fabricius et des Agésilas perdrait là, dans un instant, ses préjugés inséparables du baccalauréat és lettres. Mais non ! au lieu de le plonger tout entier et en plein au milieu de cette riche et exaltante civilisation, au lieu de le tremper, comme l'acier, par le changement brusque et subit d'un extrême à l'autre, on préfère le laisser initier par degrés à la vie réelle, l'imprégner des débauches maladroites et des sottises énervantes du débutant au pays latin, plutôt que de lui montrer tout à coup les débauches du bon ton et les folies du beau et vrai monde.

N'oublions pas de citer le passage de l'Opéra et sa *petite bourse*, réunion de joueurs insatiables qui viennent le soir ramasser les miettes du repas donné dans le jour à la Bourse, et, comme une hydre toujours renaissante, résistent à tous les arrêts de proscription.

Le boulevard Montmartre continue les gloires et les splendeurs du boulevard des Italiens. Vachette, le grand, l'inimitable Vachette, est digne à tous les

égards de la palme que se disputent les grands prê-
tres de la gourmandise, les pontifes de cette divinité,
mâle ou femelle, en l'honneur de qui fument tant de
fourneaux vomissant des tourbillons d'émanations sua-
ves. Le boulevard Montmartre possède en plus l'embouchure des passages : c'est à sa droite et à sa gauche

La petite Bourse.

qu'aboutissent le passage Jouffroy et le passage des Panoramas, labyrinthes de galeries vitrées, reluisantes,
regorgeant de trésors, palais de cristal permanents,
éternelle exposition du luxe et de l'industrie, de la
beauté et de l'afféterie, de la grâce et de la disgrâce.

Le passage Jouffroy ! jadis le dieu pavé, le veau d'or,
le lingot de quatre cent mille francs et je ne sais com-

bien de centimes, s'y étalait sous l'imposante protection de messieurs les gardes municipaux, et recevait, impassible dans le plateau où son poids entraînait une montagne de fer capable au plus de lui faire équilibre, les hommages et les admirations d'un public empressé, d'un public qui bravait les voix aigres et criardes : « Prenez vos billets, messieurs ! » Vanité des vanités ! on passait et l'on repassait, sans lui faire l'aumône d'un regard, à cette contrefaçon du Régent et du Kohinor taillée en plein strass à l'étalage d'un bijoutier, et l'on venait à la file, après avoir fait queue, s'incliner devant ce morceau d'or terne, sans forme, sans éclat, mais lourd, massif, carré, assis sur sa base, *stans mole sua*. Le-lingot d'or du boulevard Montmartre est une page de l'histoire du dix-neuvième siècle : il vivra dans le souvenir des hommes à aussi juste titre que la mémoire de Law, et le récit des gigantesques entreprises de la rue Quincampoix. Nous avons vu cet emblème, qui représentait pour vingt mille francs par an d'honnêteté, de vertu, de réputation et de jouissances, nous l'avons vu trôner sur un coussin de velours aux clous dorés, ni plus ni moins qu'un roi sur son siége royal ; nous avons suivi la foule qui se coudoyait, se pressait dans l'enceinte où un magique numéro devait proclamer la fortune d'un sept sur sept millions. Faut-il que ce soit là le dernier mobile des civilisations ! Faut-il que le monde, que Paris, qui est bien plus encore, ne se puissent mouvoir qu'autour d'un tel pivot ! On n'a pas fait au lingot d'or l'honneur qu'il méritait : c'est aux Tuileries, c'est à la salle du trône qu'il eût fallu installer le grand souverain des hommes et des choses ; il aurait fallu reconstruire exprès pour lui le trône brûlé sur la place de la Bastille; il aurait fallu l'envoyer à la Great-exhibition, à côté de la montagne de lumière, seule voisine digne du dieu.

Aujourd'hui l'or s'est transmué sans doute : il est devenu, soit belle terre avec eaux vives, frais ombrages, vertes prairies ou pelouses, soit maison à Paris, soit encore inscriptions au grand livre; et le clinquant a pris sa place dans le temple qui n'a plus conservé, comme appel enchanteur, que le nom de sa divinité. Le passage Jouffroy n'a pas tremblé de cueillir les mêmes lauriers que le Pont-Neuf : le lingot d'or, illustration contemporaine, rivalise avec la mère Moreaux, illustration d'il n'y a pas mal d'années. De part et d'autre, égal assaut de lumières et de sourires, de fruits confits et de politesses; d'un côté, cinquante ans de règne et de triomphe sans concurrents et sans émules; de l'autre, les souvenirs dorés, l'appât à peine détruit des plus douces illusions. D'ailleurs il y a de la place sous le soleil, et là où naguère la mère Moreaux vit pleuvoir en détail le lingot si désiré, ses successeurs peuvent encore, malgré tout, glaner de précieuses pépites. Le passage des Panoramas, sur l'autre rive du boulevard, semble faire suite à la galerie dont il vient d'être parlé. Palais-Royal en diminutif, ce passage, traversé par diverses autres galeries auxquelles il semble imposer son nom, offre sous le dôme vitré qui le protége un assortiment assez remarquable, une collection assez complète des richesses industrielles éparses sur les divers points du boulevard. C'est là qu'on admire, entre autres, le palais aérien de Marquis, c'est-à-dire un de ces hommes qui ont su se faire dans le commerce un nom égal à celui des grands écrivains et des grands politiques. Marquis a prodigué les chinoiseries, le cristal, la laque, le palissandre et le bois de rose; ses colonnettes sont découpées et feuillées comme des tiges de palmiers, et partout, sur de riches plateaux, s'étale triomphalement, sous toutes les formes, le chocolat, objet et source de tout ce luxe, de toute cette splendeur. Marquis a pour voisins cinquante autres favoris

Passage des Panoramas.

du commerce, moins heureux cependant, qui essayent en vain de rivaliser avec un éclat si coûteux, et dont les montres variées, toutes riches et brillantes, donnent encore de quoi alimenter la flânerie, qui ne peut se résoudre à déserter entièrement un passage trop voisin du boulevard.

Avant de passer dans une autre contrée, il est à propos de jeter un coup d'œil sur la principale gloire du boulevard Montmartre, sur le Jockey-Club. Fondé il y a déjà quelques lustres, au moment de la plus grande fureur d'imitation britannique, ce cercle ne compta dès l'origine qu'un nombre assez restreint de sociétaires, tous jeunes, riches, et prêts à se ruiner en paris reposant sur les jambes d'un pur-sang. D'ailleurs de plus amples

Passage Jouffroy.

détails arriveront en leur lieu et place, lorsqu'il s'agira de cette maladie mal définie, à peine nommée, et qui n'est chez nous, de même que son nom, qu'une contre-façon, nous voulons dire le sport. Le Jockey-Club, aujourd'hui installé dans des salles splendides, regrette, dit-on, au milieu du luxe et du confort, les modestes lambris témoins de ses premières séances. Il serait plus

exact d'avancer qu'il regrette la fraîcheur et l'enthousiasme de ses jeunes années.

Revenons, s'il vous plaît, à ce passage dont nous parlions tout à l'heure : nous voulons dire le passage
Jouffroy, qui conduit le promeneur du boulevard à la
rue Grange-Batelière. Ce nouveau passage a tout de
suite été adopté par la foule; le soir, les flots du public sont
tellement pressés qu'il faut jouer des coudes pour se
frayer une route. C'est au passage Jouffroy qu'était situé
un établissement qui a joui d'une certaine vogue pendant deux ans : l'Estaminet lyrique, où chantait Darcier,
ce baryton populaire dont la voix a tant contribué à
faire connaître les chansons de Pierre Dupont et de Gus-
tave Mathieu, l'auteur de Jean Raisin, dont le refrain a
été répété par toute la France bachique et lyrique. Le
passage Jouffroy a encore l'avantage de posséder un autre établissement d'un genre tout différent. Nous voulons parler de cette espèce d'Institut qui marche sur les
brisées de l'Athénée, et où des professeurs sans diplôme
parlent de tout et de beaucoup d'autres choses encore.
Les marchands de brochures, de gravures et de pittoresques semblent avoir choisi pour asile ce passage, qui
se continue au delà de la rue Grange-Batelière sous le nom
de passage Verdeau. Le passage Verdeau va aboutir à
la rue du Faubourg-Montmartre.

Le cheval n'absorbe pas seul l'activité et l'intelligence des millionnaires qui peuplent les salons du
Jockey-Club. Le noble jeu de billard a une part importante de leurs loisirs; c'est sur cette arène que sont
venus se mesurer bien souvent des champions célèbres
à divers titres, soit nobiliaires, soit tout autres; et l'on
a vu souvent l'aristocratie, représentée par ses noms

les plus sonores, avec la vile multitude, appelée à cet excès d'honneur, grâce à une hardiesse, une habileté et une adresse, une justesse d'œil et de bras peu communes. On vous racontera partout tels et tels carambolages qui tiennent du miracle, tels effets triomphants, tels coups de queue sublimes exécutés sur ces bandes et sur ce tapis : mais tous nos lecteurs ne sont pas versés dans les mystères du bloc et de la poule, et nous-même nous avouons humblement notre insuffisance. D'ailleurs ce n'est pas au Jockey-Club que nous irions demander des leçons ; à croire les on-dit, le billard n'y serait pas moins ruineux que le steeple-chase, et plus d'un sportman, entré millionnaire sur cette double arène, a dû, pour se retirer avec honneur, accepter un poste d'attaché d'ambassade, ou, extrémité pénible, en venir à se marier.

Nous arrivons au boulevard Poissonnière, et déjà nous voici presque en dehors du grand foyer aristo-cratique. L'astre du soleil Italien, qui éclairait encore d'une assez vive lueur le boulevard Montmartre, pâlit à chaque pas fait en avant. Ce n'est déjà plus une contrée purement patricienne, et ce n'est pas encore un quartier démocratique ; c'est un terrain vague et constitutionnel. Les magasins éblouissants qui s'adressent à des regards et à des bourses millionnaires sont remplacés par des boutiques coquettes, il est vrai, mais d'une coquetterie sans orgueil. Aux restaurants fréquentés par les Api-cius et les Lucullus du temps, succède la modeste cui-sine. Salut aux Véfours des commis de magasin, des hommes d'affaires et des auteurs dramatiques! Voici des cafés brillants sans doute, mais où l'on peut se pré-senter le soir en négligé du matin. Voici des boutiques de cordonniers d'où n'est point exilée la chaussure vernie, mais où l'on trouve aussi les souliers à semelles épaisses. En un mot, nous rencontrons de moins en moins les superfluités de la vie, et cependant l'agréable se mêle encore à l'utile. A droite, en entrant, nous trouvons tout d'abord le bazar de l'Industrie française, qui a deux issues, l'une sur le boulevard Poissonnière, et l'autre sur la rue Montmartre. Il contient deux étages de boutiques, d'autant plus séduisantes qu'elles exposent à l'œil toutes leurs richesses variées. Au rez-de-chaussée se trouvent les industries les moins luxueuses, la quincaillerie, la chaudronnerie et les ustensiles de ménage. Au premier étage sont les marchands élégants, la papeterie, les pendules, les porcelaines, la parfumerie ; au-dessus, d'immenses magasins de meubles. Nous aurions bien à critiquer dans ce bazar, fréquenté surtout par le provincial, les légendes qui accompagnent les peintures de la voûte. Jamais peut-être tant de niaiseries n'ont été inscrites dans un si petit espace. De la rue Montmartre à la rue Saint-Fiacre, nous voyons deux ou trois grands magasins de tapissiers, dans lesquels brillent comme des miroirs les bois de l'Inde, les bois du Brésil, les bois de ces belles contrées inondées de soleil, où chaque été ajoute aux arbres quelque veine éclatante. Nous sommes en face de l'hôtel Lagrange, où s'étalent les tapis d'Aubusson. C'est cet hôtel qui a eu le plus à souffrir dans la journée du 4 décembre 1851 : trois boulets l'ont percé à jour. Le propriétaire a réparé ce désastre, et le maçon a effacé le stigmate de la guerre civile. Le boulevard a encore quelques vieux arbres qui ont été épargnés dans les révolutions. Pauvres arbres parisiens, qu'on plante au nom de la

liberté, et qu'on déracine également au nom de la liberté !

Cette rue Saint-Fiacre, qui donne sur le boulevard
Poissonnière, cette rue si calme, si honnête, habitée
en grande partie, comme sa sœur des Jeûneurs, par
des drapiers et des marchands de soieries de l'Alsace,
cette rue gorgée d'étoffes, de calicots, de madapolans
et de toiles de Hollande, eut jadis un assez vilain re-
nom. Un dispositif des trésoreries de France, en date
de 1669, prescrivait la fermeture des grilles de cette
ruelle, remplie, dit le texte, d'immondices, de filous et
de vagabonds. En face de
cette rue, la Maison du
Pont de fer, avec ses ma-
gasins de toute sorte.

Maison du Pont de fer.

Nous voici maintenant
sur le boulevard Bonne-
Nouvelle, le boulevard
des cafés et des estami-
nets. Cette partie du boulevard, où la ville a ce-
pendant fait exécuter de
grands travaux, est la plus
irrégulière de toutes. Elle
brise l'alignement, et détruit l'harmonie de l'effet
général. A gauche s'élève
le théâtre du Gymnase, une bonbonnière dramatique
fondée par M. Poirson, qui l'avait dédiée à Madame la
duchesse de Berry. Entre le Gymnase et la rue Haute-
ville, on côtoie quelques beaux magasins, malheureuse-
ment isolés par leur situation élevée. La rue Haute-

ville, qui autrefois était beaucoup plus basse que la chaussée, est une immense rue de 774 mètres de longueur qui mène en ligne droite à la place la Fayette et à l'église Saint-Vincent-de-Paul, dont on parlera plus tard.

Sur le même côté est la rue Mazagran, qui rappelle

Bazar Bonne-Nouvelle.

une des belles pages de notre histoire d'Afrique, et qui attire facilement le regard par ses deux lignes de maisons sculptées. La partie du boulevard qui vient immédiatement après compte plusieurs constructions remarquables par leurs élégantes décorations : il est surtout une jolie maison facile à reconnaître, et qui est comme un poëme en six chants. Dans les caves vous trouviez autrefois une jolie halle où les gens de la campagne venaient vendre leurs choux et leurs carottes. Les caves sont vides maintenant, mais le rez-de-chaussée est encore occupé par un bazar toujours en grande toilette et confortablement chauffé. Au premier étage, un monstrueux estaminet ; plus haut, une salle de lecture, accompagnée de longues galeries où l'on remarque plusieurs tableaux distingués : un choc de cavaliers, par Delacroix, de charmants pastels de Maréchal et de Tourneux. A côté de ce musée, dans une mystérieuse pénombre, habitait, il y a encore quelque temps, le prestidigitateur Philippe. Du côté droit, on voit en passant la rue Bonne-Nouvelle, où on n'arrive plus qu'en grimpant un étage. Elle a été construite en 1630. On aperçoit au fond le clocher de l'église Bonne-Nouvelle, qui date de 1628. Cette église est la seconde succursale de la paroisse Saint-Eustache. Puis il y a encore la rue de Cléry et la rue de la Lune.

Sur ces deux boulevards, Bonne-Nouvelle et Poissonnière, on ne se promène guère ; on passe. Si l'on s'y arrête un instant, c'est pour donner un coup d'œil aux petits industriels qui s'y installent malgré les ordonnances de police, et qui débitent leurs marchandises à côté de l'ordonnance qui leur défend de stationner. Voici, entre autres, le vendeur de pièces neuves marquées à une nouvelle effigie du nouveau roi. « Cinq francs cinquante centimes, citoyens, la pièce de cinq francs de la république. » Tel était le cri de notre industriel en 1848. Aujourd'hui, il offre, toujours moyennant cinquante centimes de bénéfice, d'autres pièces ou d'autres médailles neuves. C'est un commerçant éclectique : s'il aime le changement, c'est qu'à chaque révolution il s'agit pour lui, comme pour le célèbre Bilboquet et quelques autres hommes d'État, de la somme de cinquante centimes.

Un mot maintenant sur la galette du Gymnase. Il serait impossible de parler du boulevard Bonne-Nouvelle sans s'arrêter un instant devant cette célèbre boutique, où se débitent à chaque heure du jour les tranches de galette à deux sous.

La galette du Gymnase.

A côté de l'aristocratie pâtissière qui compte plus de trois cents membres à Paris, vient de se placer la pâtisserie populaire, laquelle, pour occuper un degré moins élevé dans la hiérarchie de cette friande fabrication, ne donne pas lieu à une consommation et à des transactions commerciales moins importantes. Indépen-

damment des masses de pâtisserie plus ou moins fine
que la boulangerie parisienne jette journellement dans
la circulation ; indépendamment de ces gâteaux qui se
colportent et s'étalent dans les lieux et les jardins publics, où ils excitent la convoitise des enfants et des
écoliers en promenade, il existe à Paris certains établissements qui, par le développement qu'ils ont su donner
à un produit unique, se sont créé une réputation spéciale
que le temps n'a fait que confirmer et affermir. Tout le
monde, à Paris, connait le marchand de galette du Gymnase ; on ne passe guère devant cet établissement sans
contempler la dextérité, la promptitude et la justesse
avec lesquelles l'actif couteau de la débitante divise les
bouillantes galettes circulaires et en distribue les morceaux à la foule toujours renouvelée. Mais ce que chacun
ignore probablement, c'est que ce commerce, humblement fondé par un pâtissier auquel le public avait
appliqué le sobriquet de *monsieur Coupe-Toujours*, a pris
un tel développement, qu'il n'occupe pas moins de
vingt à vingt-cinq personnes, toutes logées et nourries
dans l'établissement même, et qu'il consomme une quantité relative des meilleures productions de la Beauce en
beurre et en farine.

Encore de belles maisons et des étalages plus cossus
que brillants ; dans presque toutes les boutiques, l'orfévrerie éclate comme un feu d'artifice. Regardez ces
montres, ces pendules, ces verreries diaprées comme les
rubans du mois de mai. Mais après ce rapide examen,
où l'œil seul est en jeu, voulez-vous quelque chose de
plus philosophique et de plus caractéristique pour ce
boulevard ? Arrêtez-vous devant chacune de ces trois
petites échoppes, où une femme découpe, dans la pé-

nombre, de la frangipane et des morceaux de flan, ce grand régal du gamin de Paris. Quelle appellation pittoresque! du flan! et comme le nom dit bien des choses! Je me rappelle qu'un certain soir où l'on jouait *la Tour de Nesle*, à la Porte-Saint-Martin, au moment où Bocage disait : *C'est que ce sont des grandes dames!* un homme du peuple, pour exprimer son scepticisme à l'égard des dames dont il était question, répétait à chaque pause de l'acteur : « Du flan ! » Ce mot *flan* est en effet le plus usité parmi tous les mots qui composent le dictionnaire du populaire parisien. Sur la première des trois échoppes on lit: *A la renommée!* sur la seconde : *A la véritable renommée!* sur la troisième : *A l'ancienne renommée!* Hélas! des trois renommées pas une seule n'est la bonne. Ces trois boutiques sont la monnaie d'une autre qui, autrefois, fit à la même place une fortune colossale. Elles sont venues là comme trois pauvres glaneuses chercher les épis oubliés; mais le moissonneur n'y a rien laissé ; il a emporté la gerbe tout entière. Il ne reste vraiment plus qu'une échoppe de galette à Paris : c'est celle dont nous parlions tout à l'heure, la galette du Gymnase.

Paulo majora canamus. Nous sommes devant la porte Saint-Denis. Lorsqu'en 1672 le prévôt des marchands et les échevins de Paris élevèrent cet arc de triomphe en l'honneur de leur jeune roi Louis XIV, ils étaient loin de prévoir quelle serait la destinée du glorieux monument, et quel effrayant tourbillon de vie allait désormais l'envelopper : à cette époque, en effet, le faubourg Saint-Denis était alors loin d'avoir acquis l'importance que lui a donnée depuis la création de la nouvelle ville qui s'étend au nord de la capitale. Quoi

Porte Saint-Denis.

qu'il en soit, on ne voulut rien épargner pour embellir cette page consacrée au dieu mortel du dix-septième siècle. On appela un architecte hardi, qui était en même temps un intrépide général, François Blondel, et on groupa autour de lui les dignes interprètes de sa pensée, les sculpteurs Girardon, François et Michel Huguière. C'est à ce concours d'hommes habiles et dévoués que nous devons la porte Saint-Denis, une œuvre vraiment grande au point de vue de l'art. Pour élever de semblables monuments, aujourd'hui deux choses nous semblent manquer à la France: la gloire, qui fournit le motif, et le génie, qui le met en œuvre. Un mot sur les détails de cet édifice.

La porte principale est entre deux pyramides engagées dans l'épaisseur du monument, chargées de chutes de trophées d'armes, et terminées par deux globes. Au bas de ces pyramides, et sur les corniches de leurs piédestaux, sont deux statues colossales, dont l'une représente la Hollande sous la figure d'une femme consternée et assise sur un lion terrassé, qui tient sur une de ses pattes sept flèches désignant les sept provinces unies; l'autre statue représente le Rhin, tenant une corne d'abondance. Une petite porte est percée dans le piédestal de chacune de ces pyramides. Deux Renommées s'élancent dans les tympans du cintre, l'une embouchant la trompette, l'autre portant à la main une couronne de lauriers; dans la frise, le passage du Rhin. Ces sculptures furent commencées par Girardon et continuées par les frères Huguière. Ce remarquable monument a été deux fois restauré, en 1809 et en 1848. La porte Saint-Denis (je ne parle pas de l'arc triomphal de ce nom, bien entendu) n'a pas toujours été située à la place où elle est aujourd'hui; la première était près de la rue de la Ferronnerie, où fut plus tard assassiné Henri IV; sous Philippe-Auguste, elle fut reculée jusqu'à la rue Mauconseil; sous Charles V, on la recula jusqu'au coin de la rue des Deux-Portes, aujourd'hui rue Neuve-Saint-Denis; enfin Louis XIV lui assigna la place qu'elle occupe encore maintenant; seulement, au lieu d'une simple porte, le grand roi éleva un monument.

Nous atteignons l'embouchure de ce fleuve tortueux et encaissé qu'on appelle la rue Saint-Denis. Que de bruit, que de mouvement, et quel savant désordre! C'est ici qu'il faut voir comment d'un effroyable pêle-mêle de charrettes, de tombereaux, d'omnibus, de fiacres, de cabriolets, un homme peut encore sortir sain et sauf, avec tous ses membres, avec tous ses vêtements. Cette longue voie, une des plus longues de Paris, conduisit d'abord les Parisiens au tombeau de saint Denis, inhumé dans l'ancien village gaulois de Catalocum. C'est par cette rue, de 1,349 mètres de longueur, que les rois de France faisaient leur entrée dans leur bonne ville, accompagnés de foules innombrables et de musiques bruyantes. On cite, entre autres entrées remarquables, celle de Louis XI, qui fut accueilli par des sirènes de la rue Saint-Denis, costumées dans le goût

des premiers jours du monde, sans autre parure que
celle de leur jeunesse et de leur beauté. Entre les faubourgs Saint-Denis et Saint-Martin, vastes laboratoires
de la grande ville, immenses entrepôts de commerce et
d'industrie, rues toujours pleines de bruit et de mouvement, le boulevard n'intéresse que par sa physiono-

Boulevard Saint-Martin.

mie populaire : ici l'habit coudoie la blouse, on ne fume
plus le cigare sur les trottoirs, mais la pipe. Sur ce boulevard tout est événement ; la population ouvrière de
Paris est essentiellement flâneuse quand elle est hors de
l'atelier. Tout ce qu'elle voit la frappe, tout ce qui se
passe l'intéresse : un omnibus qui se brise, deux co-
chers qui se battent, un cheval qui s'abat ; moins que

cela, un simple colleur qui pose des affiches sur les murailles, font aussitôt un rassemblement, et risquent d'être la cause innocente d'une émeute. L'affiche officielle attire particulièrement la foule de ces quartiers. C'est le journal populaire que l'on vient lire, commenter, et le plus ordinairement critiquer, à deux pas de MM. les sergents de ville. La Porte Saint-Martin est le portique de ce boulevard : ce monument, bien inférieur en élégance et en richesse au chef-d'œuvre du mestre de camp Blondel, fut, comme la Porte Saint-Denis, élevé à la gloire de Louis XIV, sur les dessins de Pierre Bullet. L'architecture de cet édifice est en bossages rustiques vermiculés, avec des bas-reliefs dans les tympans, et un grand entablement dorique surmonté d'un attique ; les sculptures sont dues à Desjardins, le Hongre, Marcy et Legros. Un des bas-reliefs représente Louis XIV sous les traits d'Hercule. Louis XIV, heureusement pour sa gloire et pour la grandeur de la France, a fait mieux que de tuer l'hydre de Lerne ou le lion de Némée : il a inscrit sur l'attique de l'arc de triomphe la défaite de l'Autriche, de l'Espagne et de la Hollande ; et, ce qui vaut mieux, il a agrandi la France de trois départements, ce que n'ont pas fait tous les conquérants.

Vers 1841, la ville fit exécuter de vastes travaux de nivellement dans toute l'étendue du boulevard Saint-Martin ; et si la chaussée n'en semble guère moins rude aux chevaux d'omnibus, ces martyrs résignés de la révolution économique qui nous rend tous propriétaires, moyennant trente centimes, de la seizième partie d'un équipage, le piéton, dont les allures sont indépendantes, s'aperçoit à peine qu'il gravit une montagne d'ailleurs

étroitement dissimulée. Quel que soit le côté du boulevard qu'il choisisse, il a mille raisons de ne pas se laisser distraire par le mouvement de terrain qui existe
sous ses pieds. A sa droite, c'est une amusante série de
boutiques ; à sa gauche, c'est le grand poëme dramatique qui se chante depuis la rue de Bondy jusqu'à la rue
d'Angoulême, tour à tour burlesque ou tragique, où
ont figuré ces héros et ces héroïnes aux noms populaires, Buridan, Gaspardo, Lucrèce Borgia.

- Dans la soirée du 27 octobre 1781, une longue file
de carrosses armoriés stationnait sur le boulevard Saint-
Martin. Dans la salle du théâtre on voyait une foule de
grands seigneurs et de grandes dames, un nuage de
dentelles et de rubans, des gerbes de pierreries, les
plus beaux noms, les plus élégantes toilettes, et les
plus beaux yeux du royaume de France. C'était toute la
cour de Marie-Antoinette d'Autriche qui venait inau-
gurer l'édifice élevé par l'architecte Lenoir pour rem-
placer l'Opéra incendié. Le nouveau théâtre avait été
construit en soixante-quinze jours, comme un palais des
contes de fées. On faisait déjà à cette époque de l'architecture facile. L'Opéra de la porte Saint-Martin
survécut à la monarchie qui venait d'assister à sa nais-
sance ; il conserva, jusqu'en 1794, les célébrités dan-
santes et chantantes de l'époque, les Vestris, les Déri-
vis. Après une longue clôture, au milieu des splendeurs
de l'Empire, il accomplit à son tour sa grande révolution, il se nomma le théâtre des Jeux Gymniques, et
continua de jouer des ballets; mais il agrandit son
répertoire en y ajoutant le drame et la comédie: les
danseurs à la mode avaient été briller sur une autre
scène.

Entre la Porte Saint-Martin et l'Ambigu, il n'y a qu'un court intervalle occupé par un grand nombre de boutiques, la plupart appropriées au voisinage des deux théâtres : c'est le marchand de vins, le débitant de tabac, le pâtissier, les cafés, et les librairies spéciales du mélodrame et du vaudeville. On voit s'ébattre aussi ce gai commerce en plein air, qui s'en va chaque jour parce qu'il ne s'adresse qu'aux gens sans prétentions et aux francs appétits : les marchands d'oranges, de pommes, d'angélique, de bâtons de sucre d'orge, de macarons, de croquets, parmi lesquels se glisse parfois, sous un vêtement turc ou algérien, un Parisien qui vend des dattes, ces fruits savoureux du désert. On voit aussi poindre à l'horizon les marchands de coco, dont la voix enrouée et la clochette annoncent aux gamins l'approche de la bienfaisante fontaine qui va lancer, comme le rocher de Moïse, un flot de nectar.

Voici l'Ambigu, qui le plus souvent n'a de comique que son nom. Arrêtons-nous un moment pour jeter un coup d'œil sur ses noires murailles. Autrefois, on le sait, l'Ambigu florissait sur le boulevard du Temple, et mêlait ses longues queues de blouses aux queues de la Gaieté et du Cirque-Olympique. Après un terrible incendie, le vieux théâtre d'Audinot s'écroula, et cessa de figurer parmi les amusements de cette région de la promenade favorite des Parisiens. Mais il ne tarda pas à reparaître, renouvelé, rajeuni, sur le boulevard de la Porte-Saint-Martin. Construit en dix-huit mois par MM. Hittorff et Lecointe, il occupe l'emplacement d'un ancien hôtel. Madame la duchesse de Berry assista à l'inauguration.

La rue de Lancry, que nous laissons derrière nous,

ne mérite pas une longue description, quoiqu'elle se soit considérablement embellie depuis vingt ans : ouverte en 1777 sur des terrains appartenant aux sieurs Lollot et Lancry, elle fut promptement prolongée jusqu'à la rue des Marais. Elle est d'une longueur de deux cent soixante-deux mètres, et d'une largeur fixée par le ministre Chaptal à dix mètres.

La physionomie de ce boulevard, nous l'avons déjà dit, est essentiellement dramatique : on y rencontre des acteurs qui se promènent en repassant leurs rôles, des dramaturges qui charpentent leurs scénarios. Voici une des figures les plus originales de ces latitudes : c'est Labbé, marchand de coco de la Porte-Saint-Martin. La profession de marchand de coco est trop bien établie depuis un temps immémorial pour que nous ayons la prétention de la révéler dans cette faible esquisse, ou même de la patronner. C'est moins d'une profession que d'une physionomie qu'il s'agit pour le quart d'heure. Tout le monde peut vendre du coco avec autorisation du préfet de police ; mais le sieur Labbé jouit du privilége de désaltérer les gosiers dramatiques et autres. Il salue tous les artistes du théâtre, tutoie les machinistes, donne des poignées de main aux marchands de contremarques, et a eu l'honneur de parler à M. Harel, un jour que ce dernier passait sur le boulevard, donnant le bras à mademoiselle Georges, de monumentale mémoire.

Labbé, retenu sous le péristyle du théâtre par les devoirs de sa profession, ne peut naturellement assister aux représentations ; mais il saisit dans la conversation des consommateurs des bribes de dialogues et des situations qui le mettent bien vite au courant des pièces représentées. Depuis trente années qu'il est le Ganymède ordinaire des jeunes titis du paradis, Labbé est devenu de première force sur le répertoire. On comprendra facilement l'enthousiasme de notre marchand de coco pour l'art dramatique. Ses goûts l'appelaient sur les planches; mais son éducation négligée ne lui ayant pas permis d'aspirer à cette haute position, il a vécu autant qu'il a pu à côté du théâtre. Il a un chapeau de traître de mélodrame et des chaussons de lisière; il est artiste par la tête et marchand de coco par les pieds. *Homo duplex*, a dit Platon.

Ce boulevard est encore émaillé le soir, surtout à l'heure où le gaz s'allume, de ces boutiques ambulantes qui sont la providence des petites bourses. « La boutique à trois sous; voilà, messieurs et mesdames, des poupées, des brosses, des peignes, des ciseaux, des couteaux, des cuillers en vrai métal d'Alger, des bretelles, des boucles de pantalon, des ustensiles de cuisine, du savon à détacher, et toutes les choses utiles généralement quelconques. Cela ne coûte que trois sous, trois sous, trois sous; si quelqu'un trouve que c'est encore trop cher, il pourra ne donner que quinze centimes.» Et l'industriel déclamateur allume avec tant de chaleur, qu'il finit toujours par débiter sa marchandise : on se laisse prendre à son éloquence plus encore qu'aux objets qu'il débite. O Parisiens! les gouvernements auront beau faire, vous serez éternellement soumis à la langue dorée des orateurs!

Paris est la ville des grandes existences et des petites industries. S'il existe en Europe un personnage hors de ligne par sa fortune, c'est à Paris qu'il se hâte de venir dépenser ce qu'il a pu amasser ailleurs; c'est ainsi

que nous voyons dans tous les temps, en dépit de nos
éternelles commotions politiques, les plus beaux hôtels
de nos deux aristocratiques faubourgs occupés par de
riches étrangers. Paris, vu de l'extérieur surtout, exerce
une telle fascination sur les intelligences, que, me trouvant l'autre année à Francfort, j'ai entendu dire, à table
d'hôte, par l'héritier présomptif d'une petite princi-
pauté allemande, que lui et son père étaient les deux
personnages les plus malheureux de leur pays, parce
qu'ils étaient les seuls à qui il ne fût pas permis d'occuper un petit appartement sur le boulevard et une
stalle à l'Opéra.

Si Paris est le centre des sommités aristocratiques,
financières et intellectuelles, il est également le rendez-
vous des individus déclassés, des professions de contrebande et des industriels sans industrie : le gamin qui
pose un morceau de drap sur les jantes de la roue lorsque vous montez en voiture, et qui vous appelle M. le
duc ou mon général pour exciter votre commisération
en flattant votre amour-propre, n'existe qu'à Paris. Ce
n'est qu'à Paris que nous rencontrons ce chiffonnier immortalisé par Charlet, et qui parle littérature et philosophie à ses moments perdus. Ce n'est qu'à Paris qu'il
nous est donné de voir l'homme qui se promène transformé en pyramides de paniers de toutes les formes et
de toutes les dimensions. Sa boutique est une fête; le
bazar qu'il promène sur ses épaules a de la féerie; c'est
lui le conquérant qui a détrôné, sans s'en douter, l'industrie de ces filles alsaciennes aux robustes appas et
aux balais fantastiques. C'est encore à Paris que vous
trouverez sur votre route le marchand de gaufres, le
marchand de robinets, le seul Français auquel, avant

M. Carlier, l'ex-préfet de police, il était permis de jouer du cornet à piston dans les rues : et bien d'autres dont je ne puis donner en ce moment le dénombrement homérique, tous produits autochthones de la civilisation parisienne. Transplantez ces frêles plantes à Berlin, à Vienne ou à Londres, et elles s'étioleront loin de la serre chaude où elles ont reçu le jour. Épargnez les petits métiers, ô gouvernements! c'est le cri de l'humanité. Le petit métier, c'est la joie du passant quand il n'en est pas le supplice, la distraction du flâneur, l'inspiration du peintre, le bonheur de l'amateur pittoresque. Il faut rendre au petit métier cette justice : son personnel s'est embelli, il fait aujourd'hui des frais de mise en scène. Que les temps sont changés! « C'est beau, la rue! » s'écriait Diderot. Il avait deviné les nôtres, qui sont pleines de caprices. Ici le marchand de beignets, là-bas le marchand d'allumettes, le vendeur de siccatif brillant; et plus loin encore, vingt autres professions ambulantes qui trouveront place dans notre musée. Laissons les admirateurs du passé regretter cet affreux charivari qu'on appelait les cris de Paris. Le marchand d'habits vieux galons, et la marchande de plaisirs, *Voilà le plaisir, mesdames!* résistent encore au flot qui doit les emporter ; mais où êtes-vous, ô carreleurs de souliers, et tant d'autres?...

Une catégorie d'écrivains parfaitement recommandables, mais fort peu lus, MM. les statisticiens, distinguent dans l'enfilade des boulevards deux grandes divisions, nous allions dire deux parties du monde : les vieux et les nouveaux boulevards. Jusqu'à présent nous avons décrit les vieux boulevards, la vieille couronne de l'ancien Paris : le boulevard du Temple nous annonce

qu'il faut se préparer à aborder une sorte d'Amérique
toute différente de l'ancien continent que nous venons
de quitter. On a baptisé du nom et du souvenir du château du Temple une promenade qui compte à peine
quelques lustres, du moins dans son état de régularité, d'alignement et de symétrie.

Le Château-d'Eau.

Depuis le Château-d'Eau jusqu'à une place encore irrégulière, et qui constitue presque la seule large solution
de continuité entre la double ceinture de maisons qui
enserre Paris par le milieu du corps, s'étend la promenade qui prend le nom de boulevard du Temple. Une
rue du même nom se creuse, ainsi que plusieurs autres
moins importantes, à travers les massifs de maisons, et

met un des flancs du boulevard en relation avec la Seine, en contact avec le centre vivant, grouillant, hurlant et grondant de Paris industriel; et en même temps, vers l'autre bout, d'autres rues plongent jusqu'au fleuve Léthé, dont l'onde allégorique entretient l'éternel sommeil du Marais. Ces deux extrêmes suffiraient pour donner au rendez-vous qui leur est commun une physionomie singulière, et digne d'être étudiée. D'une part, les rentiers oisifs, les bourgeois qui ne sortent que par les beaux soleils et les jours clairs; de l'autre, la population de ce bazar où tombent toutes les grandeurs déchues, de ce Capharnaüm de bric-à-brac, de ce palais royal de la misère honteuse et de l'opulence besogneuse qu'on nomme le marché du Temple. Voilà déjà une source de bien des contrastes, de bien des rencontres bizarres, imprévues, hétéroclites; mais s'il n'y avait que cela, ce ne serait pas le boulevard du Temple, c'est-à-dire la chose unique dans son originalité, la chose qu'on remarque à Paris entre toutes les choses remarquables, la huitième merveille de l'univers parisien.

L'autre côté du boulevard, le côté des théâtres, voilà son titre à la gloire. Pendant le jour, que de scènes curieuses sur cette mer d'asphalte! que de spectacles imprévus! Mais le soir... le soir, c'est encore un autre coup d'œil. Figurez-vous les gigantesques transparents, les affiches cyclopéennes, rivalisant de feu, de pompe et d'impression pour annoncer tour à tour les choses les plus fantastiques, les plus mouïes, les plus extravagantes, les plus impossibles, qui ont passé par la cervelle de fer et la plume de même métal de toute une race de charpentiers en drames, mélodrames, comédies, vaudevilles, opéras, féeries, farces, parades, et autres genres dramatiques non

dénommés dans les cours de littérature. Représentez-
vous ces curieuses physionomies, tous ces types variés à
l'infini, qui sortent de toutes les bouches de ces cent
rues, de tous les vomitoires de ces mille ateliers et de
ces millions de boutiques. Ici viennent se réunir non-
seulement les naturels de la rue du Temple et les indi-

Boulevard du Crime.

gènes du Marais, les nomades du quartier Saint-Antoine et les pèlerins de Bercy ou de Charenton, toutes
nations aussi diverses d'aspect et de génie que de
mœurs et de séjour : mais la Villette, mais la Chapelle,
mais la ville *extra muros* aussi fournit son ample con-
tingent, auréole d'émotions fortement épicées et de rire
libéralement salé, de musique arrosée de bière, de flon-

flons parfumés au tabac, et de chorégraphie qui rappelle, autant du moins que peut le permettre la pudeur municipale, les bacchanales et les saturnales échevelées de la barrière. C'est, en effet, un des affluents du boulevard du Temple que cette cité de menuisiers, de charpentiers et de marchands de bois qu'on nomme la Villette ; et l'ouvrier qui a travaillé la semaine entière dans les ateliers à équarrir les planches, à assujettir les tenons dans leurs mortaises, à ajuster les plafonds, à cintrer les voûtes, s'entend parfaitement le dimanche au soir, pour ses quinze ou vingt sous, à juger si un drame est bien emmanché et bien machiné en charpente. Il connaît peu l'usage de la lime et du rabot... en littérature, et se contente de lourdes pièces à peine dégrossies et passées à la varlope, pourvu que la hache ait taillé dans le cœur du chêne, que toutes les parties de l'œuvre soient bien cramponnées ensemble, et que le tout présente l'apparence de la force et de la durée. Telle est, en quelques mots, la pratique du théâtre à l'usage de messieurs les dramaturges et autres entrepreneurs littéraires qui travaillent pour les boulevards.

Laissez faire! Aussi, que la Gaieté affiche quelque drame bien noir, éclos de la collaboration de deux ou trois fortes têtes, de deux ou trois gros bonnets de cette littérature à la tenaille et au ciseau, fameux par l'habile agencement de leurs actes et la marqueterie de leurs scènes : vous pourrez voir des *queues*, et dans ces queues des têtes curieuses, étranges, imprévues. Ce mot de queue, peu connu hors de Paris, mérite une explication. Une réunion de plusieurs milliers de badauds, de flâneurs, de toilettes brillantes (si l'on veut) et de parures demi-vraies, de blouses et d'habits, de faux castors et de

casquettes : voilà ce qui constitue les longs serpents dont
chaque écaille est un être humain ; serpents qui, par le
froid, par le chaud, par le vent, la pluie, ou la grêle,
par une gelée russe ou un soleil africain, se replient,
s'enroulent, s'entortillent en mille façons, la tête immo-
bile devant une barrière qui ne s'ouvre qu'à l'heure fixe,
la queue s'allongeant toujours ; et ces serpents qu'attire
tout spectacle, gratis ou non, qu'ambitionne tout direc-
teur de théâtre ou tout auteur dramatique, c'est ce que
l'on nomme une queue.

On a vu, dans le temps, des queues formidables à la
porte de notre Assemblée nationale, aux jours de lutte
corps à corps entre deux athlètes parlementaires. Mais
le bitume miroitant du boulevard du Temple est le
témoin des queues les plus belles et les plus persis-
tantes : pas de soirée où ce boa inoffensif ne vienne
enlacer les palissades des Funambules ou des Délasse-
ments Comiques, du Cirque, de la Gaieté ou des Folies
Dramatiques. Là on jouit aussi de la présence de tous
les préposés, sinon à la police, du moins à la sûreté publique, gendarmes, sergents de ville, etc.; puis les marchands de coco, les crieurs de programmes, et les ven-
deurs de rafraîchissements au rabais. Tout ce monde-
là tourne, voltige, hurle, se bat, se dispute, s'injurie,
tant que le théâtre n'a pas absorbé par ses étroits con-
duits sa marée montante de spectateurs.

Quelques heures plus tard, quand les salles ont
épuisé leurs dix ou douze actes quotidiens ; quand il a
suffisamment coulé de sang et de larmes, suffisamment
éclaté de sanglots et de rires, les salles rendent gorge,
et les torrents qu'elles avaient engloutis sont rejetés par
toutes les portes en torrents non moins impétueux. Le

6.

silence de la nuit, si néanmoins le silence à Paris n'est pas quelque chose de fabuleux, d'hypothétique, fait place à l'agitation, à la vie, à la fièvre des heures les plus bruyantes de la journée. D'abord les vastes poussées, les immenses bousculades, moitié involontaires, moitié malintentionnées, qui traversent comme des courants météoriques ces moissons humaines, et qui ébranlent, renversent même tous ces épis serrés et embrouillés les uns dans les autres; puis, s'il fait clair et serein, l'ordre qui se rétablit, et la mer qui s'écoule par cinquante embouchures. Çà et là les groupes se forment, le pêle-mêle se classe, la masse se divise; et chacun s'éloigne, riant, causant, devisant, fredonnant des airs nouvellement appris, ou se livrant à des commentaires improvisés, à des critiques avec appel au feuilleton du lundi. Mais malheur s'il neige, si le ciel se fond en pluie, si le verglas miroite! Le tumulte de la sortie redouble alors: de toutes parts on a recours à l'emploi des armes défensives, on se cuirasse de laine, de drap, de soie, sous leurs formes multiples, manteaux, talmas, burnous, écharpes, châles, cachemires, cravates, cache-nez, parapluies de toutes formes et de toutes couleurs. Les privilégiés, après l'assaut du fiacre ardemment disputé, crient: Fouette, cocher! et la vile multitude, à défaut de fiacre, se résigne aux socques articulés, aux sabots même, et s'éloigne à travers glace, brouillards, frimas ou torrents diluviens, maugréant contre l'inégalité humaine.

Le boulevard du Temple donne asile à plusieurs genres de ce que nous n'osons appeler de la littérature. Ainsi le Théâtre National s'ouvre deux cents fois par an au canon, à la cavalerie, aux Russes, aux Prussiens,

qui sont patriotiquement éreintés et battus à plate-
couture, toutes les fois qu'ils ont le malheur de se pré-
senter en face des invincibles armées de la République
et de l'Empire. Le Théâtre Historique, spéculation man-
quée, a offert un asile à la musique, à l'opéra que les
grands seigneurs de l'Académie impériale et de l'Opé-
ra-Comique laissent dédaigneusement dans leurs anti-
chambres. Puis les Folies Dramatiques et les Délasse-
ments Comiques, remplis encore des souvenirs de
Mme Saqui, *la première acrobate de France*, prêtent
leurs planches, leurs lustres, et leur rampe quelque peu
enfumée, concurremment aux féeries, aux métamorphoses, aux fantastiques échos, à la voix de cet enchanteur qu'on nomme le machiniste, et aux vaudevilles
à tant la pièce, refusés soit par les aristocrates directeurs du Gymnase ou du théâtre de la place de la
Bourse, soit par messieurs les courtiers dramatiques et
entrepreneurs de succès. A côté de tout cela, les tristesses
de la Gaieté. Premier acte, inceste et adultère; deuxième
acte, poison; troisième acte, coups de poignard; qua-
trième acte, peste noire; cinquième acte, massacre général; le tout compliqué d'un prologue accommodé au
sang, et d'un épilogue puant la chair humaine.

N'allons pas oublier non plus les Folies Nouvelles, et
les deux descendants de la comédie italienne et des ma-
rionnettes, les Funambules et le Petit-Lazari.

Rendez-vous de tous les théâtres, le boulevard du
Temple est aussi le rendez-vous des petites industries
qui vivent en parasites sur l'art dramatique. A tout
seigneur tout honneur! Le chef de claque s'avance, bou-
tonné jusqu'au menton, gantant ses doigts crochus:
tout à l'heure il s'armera de la canne qui lui sert,

comme l'archet au chef d'orchestre, à diriger le concert des applaudisseurs. Ces marchands de contremarques et de billets moins chers qu'au bureau, race notée à la police, qui a vieilli à Poissy et fait plus d'une campagne sur les bancs de la police correctionnelle, sont à peine d'un étage au-dessous. On les voit fondre comme des harpies sur les spectateurs qui profitent des loisirs de l'entr'acte pour avaler une chope de bière ou une gorgée d'air frais, entre un inceste et un assassinat. A grand'-peine parvient-on à soustraire à leur rapacité le billet du contrôle ; et plus d'une fois, en échange de quelques centimes qu'ils vous payent pour la moitié d'un drame ou la queue d'un vaudeville, vous ne retrouvez plus votre porte-monnaie, votre montre ou votre foulard. Quelques-uns ont des coupons de rebut qu'ils louent à l'année, moyennant un rabais énorme, et vous donnent aussi des places réellement à bon marché, mais en face du lustre, ou dans une encoignure pratiquée à l'usage des aveugles.

On peut aussi classer parmi ces parasites du théâtre ces mille marchands forains que la police admet à l'entrée et à la sortie, ou ceux qui installent leur étalage provisoire, prêts à détaler à l'aspect du moindre vaisseau héraldique qui leur apparaît brodé sur un collet de sergent de ville. La première catégorie comprend les marchands d'oranges, de sucre d'orge, les marchandes de marrons, les colporteurs d'allumettes chimiques, les débitants de coco : toute cette peuplade crie, parle, s'agite, se démène jour et nuit, à la lueur des chandelles sous leurs transparents rouges ou bleus. Puis viennent aussi les boucaniers, les interlopes du commerce, celui-ci vantant ses porte-crayons, cet autre criant les merveilles de la souris ou de l'araignée métallique.

L'autre rive de ce boulevard appelle surtout l'attention par le public de ses cafés. On sait que la politique et le café sont les deux grands besoins du flâneur parisien, qu'il sorte des profondeurs du Marais ou des hauteurs du quartier Bréda.

Autour des billards des cafés du boulevard du Temple, on voit d'habitude une foule avide et curieuse: ce sont les joueurs à la poule, que les persécutions et aussi l'art peu honorable des Grecs n'osent relancer dans ces asiles lointains. Réunis en petit comité de connaisseurs émérites, ils passent leurs loisirs éternels à admirer des effets rétrofuges, des carambolages par les quatre bandes, des coups fins ou des coups durs inattendus et réussis. Suspendus aux pérégrinations de la rouge et de la blanche, aux attaques de queue, ils oublient tout, et s'ils fument encore, c'est par une opération machinale, par un mouvement purement respiratoire. A côté de ces forcenés joueurs de billards, des champions des dominos, séparés par une cannette de bière, se mesurent dans des campagnes qui n'en finissent pas, jouant éternellement des marques de consommations qui ne sont jamais prises, et maudissant le ciel pour une *pose* malencontreuse ou un double-six retardataire. Le piquet, l'écarté, le besigue, l'impériale, tiennent là également leurs assises; et à travers les fumées du tabac on reconnaît à peine le cachet propre de toutes ces figures, les unes chevelues et barbues, les autres lisses ou ridées, celles-ci en pleine lune, celles-là en dernier quartier.

En quittant le boulevard du Temple, on passe sur le

boulevard des Filles-du-Calvaire, qui fut planté en 1536. Il eut pour parrain un des hommes les plus singuliers et les moins connus de la première moitié du dix-septième siècle: nous parlons de ce fameux capucin, Joseph du Tremblay, l'espion et l'homme de confiance de Richelieu. La fameuse *éminence grise* fonda le couvent des Filles-du-Calvaire vers 1635. La révolution française, cette impitoyable niveleuse, fit la première la barbe au rusé capucin. Elle rasa, ou, pour éviter un affreux jeu de mots, elle démolit, au niveau du sol, les murs, cloîtres et constructions diverses du monastère supprimé, pour faire naître des rues à la place. Peu à peu, sur un alignement fixé d'avance, les maisons envahirent les plantations. Le principal effet de cette fructification rapide de la charpente et du moellon fut l'expulsion d'une race bohémienne qui, dès longues années, venait planter sous les ombrages sa tente passagère et ses tréteaux d'un jour. Les anciens du quartier, et même les gens qu'une pareille qualification flatterait médiocrement, regrettent aujourd'hui ces tribus de saltimbanques, êtres douteux entre l'homme dont ils avaient la parole, et le singe dont ils égalaient la laideur et l'agilité.

Un de ces habitués du boulevard, qui, à chaque éclaircie du soleil, viennent étaler sur le bitume leurs habits à formes surannées et leurs chapeaux illustrés par les orages, un de ces narrateurs intrépides des gloires du passé, vous redira, avec des paroles d'émotion, l'adresse, la force, la souplesse, la faconde, les lazzis, les parades désopilantes de tel ou tel émule des Bobèche et des Galimafré. La dernière queue rouge a définitivement disparu du boulevard des Filles-du-Calvaire, et avec elle la joie, les divertissements, l'originalité, la physionomie propre de tout un quartier.

Le boulevard, privé de saltimbanques, s'est résigné à ne devenir plus que l'humble succursale des ateliers d'ébénisterie et de sculpture sur bois du faubourg Saint-Antoine, ou encore des funèbres industriels qui exploitent l'avenue du Père-Lachaise, et qui scient, au plus juste prix, des pans ou des couvercles de tombeaux, qui tournent des urnes sépulcrales, et bâclent des figurines de pleureuses ou d'anges agenouillés. Décidément l'air du Marais endort de ses exhalaisons tout ce qui l'entoure. Il a tué la place Royale; il a mis en fuite, au grattement de la truelle et aux cris des maçons, la population flottante des acrobates en plein vent, des Hercules du nord et du midi.

Il paraît que l'on a coupé des têtes sur le boulevard des Filles-du-Calvaire. Que le lecteur se rassure ! nous ne songeons pas ici à lui faire un récit bien noir des horreurs de n'importe quelle révolution: nous ne parlons que des têtes coupées en présence de spectateurs admis à contempler l'opération moyennant quelque piècette blanche, sans jugement et sans condamnation, avec la participation et le consentement très-exprès de M. le commissaire de police ou de son délégué, présent à la chose.

Le détail de ces inoffensives exécutions nous a été transmis par des témoins oculaires. Un des acteurs se présentait: l'opérateur, l'étendant sur le dos, déchargeait sur son col une terrible estocade avec un grand cimeterre recourbé; puis, instantanément, il priait le public d'approcher, et montrait le corps gisant sur une table, tandis que la tête reposait au milieu de son sang,

dans un large plat analogue au fameux armet de Mam-
brin du héros de la Manche. Les deux parties se trouvaient d'ailleurs parfaitement séparées, et l'on pouvait
s'assurer que le corps était un corps humain, fraîchement tué, puisqu'il était encore tiède, le pouls ayant
cessé de battre et le sang de circuler. Un disciple de
Bosco et de Philippe nous a révélé le truc, pour nous
servir de l'expression technique : Le patient se trouvait
étendu sur une planche à bascule ; au moment où re-
tentissait le coup de sabre, la planche tombait perpendiculairement, de manière à ne laisser passer que la
tête, qui se trouvait baignée dans un baquet de sang à
la détrempe, sans fond, et préparé d'avance. En même
temps, cachée par la large robe du nécromancien, s'ap-
prochait une seconde table à roulettes sur laquelle gi-
sait un autre malheureux, vêtu de même que le premier, la tête rejetée en arrière, et cachée par un écran
peint en rouge ; de plus, pour arrêter le pouls, il avisa
les membres serrés de ligatures. Les féeries théâtrales
se sont depuis emparées de cette jonglerie, dont le plus
grand mérite consiste, après tout, à produire une fort
triste illusion. Dans les environs du boulevard des Filles-du-Calvaire commence ce vaste et prodigieux édifice souterrain, d'une si incontestable utilité dans toutes
les grandes villes, et spécialement dans celles qui,
comme la vieille Lutèce, reposent sur d'anciens maré-
cages, et ne vivent que sur des boues desséchées et des
terrains à peine débarrassés des eaux stagnantes : nous
voulons parler du grand égout. L'égout général fut ouvert, en premier lieu, à partir de la rue du Calvaire
jusqu'à Chaillot, où il se jetait dans la Seine, embras-
sant dans son périmètre les faubourgs du Paris septen-

trional, et se ramifiait en galeries moins importantes.
D'abord, simple rigole sans maçonnerie, il fut promptement engorgé, et nécessita de fréquentes réparations.
En 1715, une branche auxiliaire fut creusée dans la
direction de l'Arsenal; plusieurs années après, l'égout
fut reconstruit dans toute son étendue, voûté et revêtu
en maçonnerie sur tous les points. Ce travail important
fut complété par la construction d'un vaste réservoir, et
par l'organisation d'un nettoyage régulier. Ces diverses
fondations ont immortalisé la mémoire de leur auteur,
ou tout au moins son nom, que chacun lit au coin d'une
rue du quartier Saint-Antoine; mais plus d'un peut-
être se demande les titres de Jean Beausire à cet honneur si prodigué, oubliant qu'il fut l'architecte chargé
de ces travaux utiles et sans gloire, quoique de première
nécessité.

Sur le boulevard, malgré l'apparence, il y a bien
des richesses artistiques, originales et introuvables ailleurs, derrière ces murs si monotonement englués de
jaune, au fond de ces maisons propres et peignées
comme celles des squares de Londres. La sculpture en
bois voit triompher, comme toujours, nos ouvriers : il
sort des ateliers et des entrepôts des Filles-du-Calvaire
d'élégants meubles d'ébène ciselés et fouillés de manière à faire pâlir d'envie Boule lui-même, et des
bahuts de chêne massifs, solides, enguirlandés de feuillage, hérissés de figures héraldiques, blasonnés d'ar-
moiries et de symboles parlants, qui feraient rêver une
châtelaine du bon vieux temps. Ajoutez les bronzes de
Villoz, une de ces renommées européennes qui ne re-
doutent ni la concurrence ni les caprices de la mode;
car ces bronzes, au lieu de sacrifier aux déités du jour,

ont toujours eu le bon esprit de n'écouter que la voix de l'art et du goût. Enfin les marchands de curiosités, ces fouilleurs infatigables qui explorent les champs de bataille où a succombé quelque chose du passé, pour recueillir les débris, les rassortir, les appareiller, offrir aux amateurs des musées tout faits, des collections de toutes les raretés désirables, depuis le yatagan arabe jusqu'au casse-tête péruvien, depuis le vieux Sèvres jusqu'au vieux mandarin; gens qui réunissent dans leurs montres les reliquaires aux Amours bouffis, les épées gothiques aux pièces d'argenterie de table, les pendules rocaille aux têtes de mort sculptées en plein ivoire.

Une remarque est à faire en commençant à décrire le boulevard Beaumarchais : c'est qu'il n'existait pas il y a quelques années à peine, et qu'en 1848 les boulets, dirigés contre le centre de la terrible insurrection de juin, s'égarèrent sur plus d'une maison à demi élevée, sur plus d'une construction encore entourée d'échafaudages, et que Virgile aurait appelée une menace de mort. Car voilà, en effet, ce qui menace tout dans Paris : cette floraison rapide de la brique et de l'ardoise, cette profusion de bois de charpente et de moellon, cette exubérante végétation de croisées, de persiennes et de portes cochères. Paris absorbe décidément la province. Nous savions déjà qu'il y naissait des Auvergnats, et que certaines rues avaient plus de droits à s'appeler Clermont ou Aurillac que les chefs-lieux du Cantal et du Puy-de-Dôme ; mais il arrive que Limoges émigre à son tour, et que le Limousin, ce gâcheux de plâtre par excellence, aspire à couvrir de ses planches et de son mortier tous les coins de la capitale. Une fureur monu-

mentale règne épidémiquement : la vague des maisons
monte et grossit à vue d'œil, débordant les barrières,
envahissant la banlieue, et battant de ses premières atteintes les ouvrages avancés des fortifications. Où s'arrê-
tera cette fièvre, cette manie d'entasser des moellons ?
Hélas ! le sol de Paris est, pour cette fâcheuse récolte,
d'une fertilité sans égale ; il y pousse plus de maisons
que d'arbres et plus de badauds que d'édifices ! Encore
si l'on nous élevait de bonnes et solides maisons, avec
bons murs et planchers solides, comme faisaient nos
ancêtres ! Mais l'industrie moderne a prouvé qu'ils n'é-
taient que des ignares et des encroûtés : une maison
qui dure des siècles et qui coûte horriblement cher,
fi ! Il faut bâtir au rabais ; pour vingt ans, pour trente
ans au plus, et c'est trop long encore : la garantie se
borne bien à cinq ans. Puis l'homme est un voyageur
qui plante sur la terre sa tente d'un jour : que lui sert
un asile plus durable que lui ? Ses enfants ! Bah ! ils
trouveront bien toujours à se loger quelque part : qui
les empêchera de se construire des châteaux de cartes,
à l'instar de leurs pères ? Aussi, puisque nous parlions
tantôt des tristes effets du canon de juin, on a vu à cette
époque quel compte il y avait à faire sur la solidité de
pareilles baraques. Les boulets, prenant en enfilade,
fendaient à jour de longues murailles, ou les criblaient
comme des écumoires, ou bien encore les renversaient
du premier choc : il a fallu reconstruire à fond la plupart des maisons effleurées, mais en même temps rui-
nées par l'artillerie. Le boulevard Beaumarchais n'offre
à l'histoire aucun souvenir digne de remarque, si ce
n'est celui de l'homme auquel il doit son nom, et sur
lequel nous reviendrons. Cependant les anciens du pays

ont recueilli une tradition qui placerait non loin le berceau de ce fameux automate joueur d'échecs, dont l'histoire est plus accidentée que celle de tant de ministres, de rois et autres grands personnages. On raconte qu'un fameux amateur d'échecs du dix-huitième siècle ordonna à un pauvre mécanicien de lui construire, sur ses dessins, une machine capable de tenir tête aux plus habiles chevaliers du gambit et de l'échec et mat.

Pour plus grand secret, l'ouvrier et le patron s'étaient renfermés dans une petite maison au bout de la rue Saint-Gilles, actuellement coupée par le boulevard, et ils demeurèrent de longs mois à combiner les pièces de leur automate, destiné à une célébrité sur laquelle ils ne comptaient guère eux-mêmes. La mécanique terminée représentait un bonhomme assis à l'orientale, avec un costume turc, au-dessus d'une vaste caisse cylindrique qui renfermait les rouages, et sur laquelle était un échiquier avec des pièces de formes particulières. La figurine, mise en mouvement au moyen d'une manivelle, jouait avec la précision d'un Philidor ou d'un Labourdonnais, posant ses pièces avec une roideur mécanique, secouant la tête aux fausses marches de l'adversaire, et dénonçant les échecs par un son guttural inarticulé : elle était d'une très-belle force, et l'on ajoute qu'ayant joué avec Napoléon, elle le gagna en lui rendant la tour et le pion, juste ce que Philidor rendait, au café de la Régence, à J.-J. Rousseau. Plus tard fut découvert le secret tout simple qui donna l'explication de ce prodige, impossible dans la mécanique : un joueur en chair et en os se renfermait dans la caisse cylindrique, qui recevait du jour par une habile disposition

des miroirs; les pièces de l'échiquier, fortement aiman-
tées, agissaient à travers la caisse sur des barres mobiles, fixées sur une table quadrillée correspondant au
champ de bataille extérieur; de sorte que, étant averti
de chaque incident de la partie, il reproduisait sur un
échiquier en miniature les coups de l'adversaire, et com-
binait les siens à loisir avant de les faire exécuter par
l'automate, mû à l'aide d'un ressort.

Cette ingénieuse invention nous conduit à l'homme
ingénieux par excellence, à Beaumarchais, dont on a
donné le nom au boulevard, en souvenir de son ancienne habitation, détruite grâce aux exigences de l'a-
lignement, et pour le besoin du canal Saint-Martin.
Beaumarchais, à la fois industriel et ouvrier, amateur et
négociant, avocat et homme de lettres, musicien et auteur dramatique, était venu abriter, au coin de la place
de la Bastille, dans une habitation originale et singulière, la fin de son existence si agitée et si bizarre. Difficilement on parlerait de lui sans essayer de le peindre,
de le caractériser : et comment le caractériser autre-
ment que par des extraits de sa vie aventureuse? On l'a
vu soutenir un procès, prélude des fameux Mémoires dans
les affaires Goëzman, Kormann et autres, pour revendi-
quer l'invention d'un échappement d'horlogerie que lui
disputait un confrère; puis, quelques années après, quand
il oublie que sa première ambition fut jadis de devenir
le Graham français, et qu'il a quitté la loupe paternelle
pour les séductions de Versailles, un grand seigneur im-
pertinent l'accoste en lui tendant sa montre : « Ah!
monsieur de Beaumarchais, ma montre ne peut pas
marcher; seriez-vous assez bon pour me la réparer? »
Sans sourciller à cette raillerie faite pour emporter la

pièce, Beaumarchais prend la montre et la brise en mille morceaux, la laissant tomber avec force. « Mille pardons, monsieur ! s'écrie-t-il ; mon père m'a toujours dit que je ne serais qu'un maladroit. » Ce même homme, peu content d'occuper le rang d'homme de cour, voulut être auteur ; et il le devint, grâce à son esprit, le plus mordant et le plus caustique du dix-huitième siècle, y compris Chamfort, Rivarol et Voltaire. Son *Figaro* tint en suspens la cour et la ville pendant cinq années entières, et commença la série de ses triomphes par une victoire sur la volonté très-expresse du roi. Ses Mémoires, échafaudés sur une affaire infiniment simple, et qu'il eût obscurément gagnée, mais à coup sûr, s'il n'eût voulu la perdre aux applaudissements de toute l'Europe ; ses Mémoires battirent en brèche le parlement Maupeou, et préparèrent le grand revirement d'opinions qui amena 1787. En un mot, quoique Gilbert l'accuse d'avoir trois fois, avec gloire,

Mis le mémoire en drame et le drame en mémoire,

Beaumarchais tient un rang honorable dans la littérature, pour titre à l'immortalité ; mais on n'oubliera pas plus que son *Figaro* ses entreprises hardies, ses expéditions de poudre et de fusils aux insurgés américains tandis que le cabinet de Versailles hésitait encore, et sa première idée d'introduire en France le système des voies ferrées qu'il destinait à faciliter la circulation. La résidence de Beaumarchais et ses jardins somptueux s'étendaient autrefois sur les terrains qu'occupent aujourd'hui les hautes maisons construites sur la partie nord du boulevard, que traversent la rue

Amelot et le canal Saint-Martin, et qui touchent, d'un
côté, à la rue d'Aval et à la place de la Bastille. A cette
place même, un peu avant la révolution, Beaumarchais
s'était fait bâtir une habitation immense et magnifique :
Voltaire en était le dieu lare ; sa statue en décorait l'entrée, son portrait se répétait de salon en salon. Tra-
versez ces sentiers de sable, passez sous ces rochers
postiches, vous découvrez un temple d'une forme antique : quelle est la divinité qu'on y encense ? c'est encore
Voltaire.

Beaumarchais s'était d'ailleurs soumis scrupuleuse-
ment à cette doctrine que son dieu Voltaire enseigne
quelque part : Le superflu, chose si nécessaire ! Le nécessaire partout dans la maison de Beaumarchais :
peintures, statues, bas-reliefs, Rome, la Grèce, et
l'art de Jean Goujon. La philosophie d'une part, de
l'autre Ganymède ; ici une sentence de quelque sage,
là cet apophthegme en latin macaronique inscrit au
fronton de la salle à manger :

> Erexi templum a Baccho,
> Amicisque gourmantibus.

Curieux mélange de raillerie et de gravité, de foi
et de scepticisme, où se trouve résumé d'une manière originale le caractère singulier de ce siècle. Ainsi
la maison de Beaumarchais n'existe plus ; abattue il y a
déjà plusieurs années pour les menus plaisirs du canal
Saint-Martin, elle est restée longtemps à l'état de terrain vague. L'œil rencontrait avec tristesse cette immense
et stérile solitude dans le voisinage d'un faubourg si
actif et si peuplé. Maintenant ce désert est bâti du haut
en bas, ou peu s'en faut, bâti par des maçons, et rien

de plus : il ne faut pas compter sur l'étrusque et l'ioni-
que que Beaumarchais n'avait pas épargnés, ni sur ses
frises imitées du temple d'Antonin et de Faustine. Cependant les maçons ont eu beau faire : nul homme d'un
peu de savoir, de cœur et d'esprit ne passera par là
sans dresser l'oreille et sans ouvrir les yeux, comme
s'il entendait encore la voix mordante de Figaro, comme
s'il voyait briller derrière la jalousie le regard amoureux de Rosine et la vive prunelle de Suzanne.

Après le boulevard Beaumarchais viennent la place
de la Bastille et la colonne de Juillet.

Traversée par le canal Saint-Martin et bornée par
la Seine, servant de débouché à deux boulevards, le boulevard Bourdon et le boulevard Beaumarchais, la place
de la Bastille représente un panorama des plus remarquables, et une animation dont on s'aperçoit même au
milieu de l'animation de Paris. Inutile de rappeler que
c'est sur cette place que s'élevaient, avant la première
révolution, la porte Saint-Antoine et la Bastille. Depuis la destruction de ce monument, divers projets
d'ornementation pour cette place ont été soumis aux
gouvernements qui se sont succédé tour à tour : la colonne qui s'y trouve actuellement fut élevée par le gouvernement de 1830, en mémoire de l'insurrection qui
l'avait amené au pouvoir; svelte et gracieuse, elle étale
au soleil les lettres d'or qui font rayonner tout le long
de son fût le nom des victimes de cette révolution. Au
sommet, le génie de la Liberté, brillant de l'éclat du
précieux métal, semble planer et prendre son vol, les
bras étendus vers l'horizon, une flamme sur la tête.
Fondue et ajustée par tambours cylindriques, la colonne
de Juillet laisse, malgré son peu de diamètre, assez d'es-

pace pour un escalier en
vis qui conduit jusqu'à la
balustrade dont elle est
couronnée. A ses pieds,
des caveaux renferment
les restes mortels des victimes dont les noms sont
inscrits, et auxquels on
a joint les morts de fé-
vrier 1848.

A droite du canal, en
allant à la Seine, s'étend
le boulevard Bourdon,
célèbre par la fête panta-

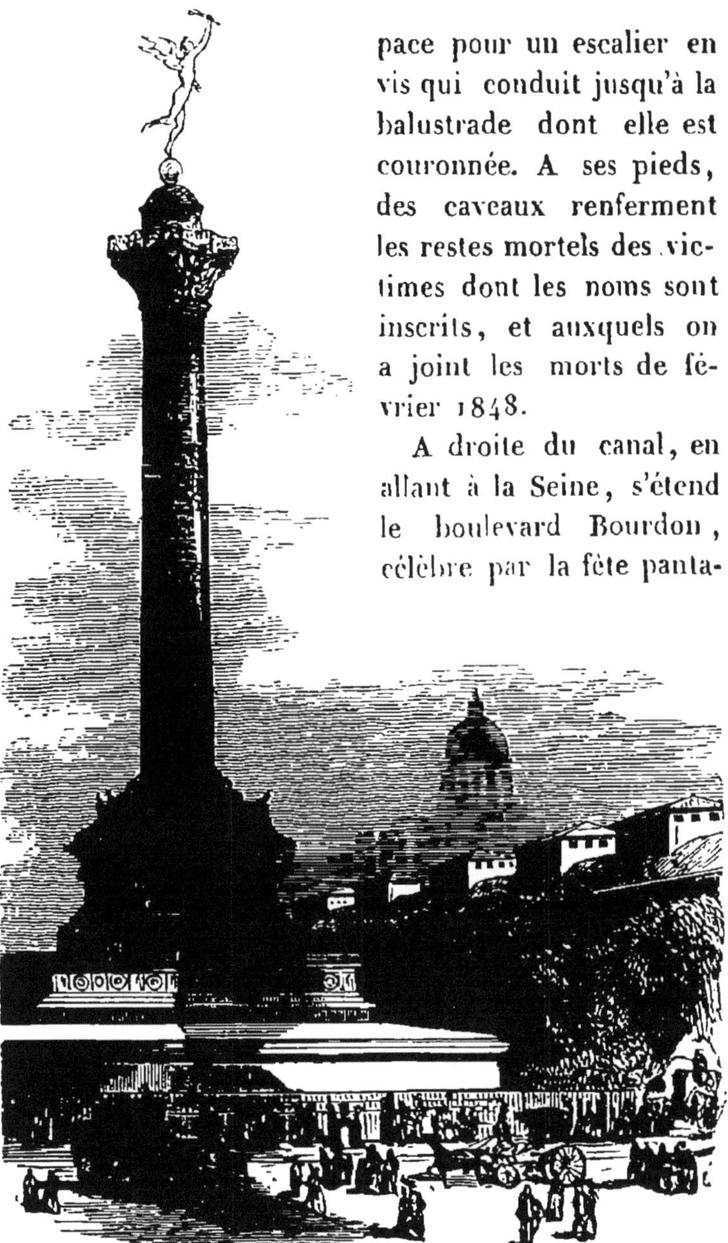

la colonne de Juillet.

7.

gruélique dont il est le théâtre tous les ans : nous
voulons parler de la foire aux jambons.

III. — **LES TUILERIES.**

Les différentes promenades où le Parisien oisif vient
employer ses loisirs ont toutes un caractère spécial,
qu'elles tiennent beaucoup plus de la population qui les
hante que des agréments particuliers qu'elles peuvent
offrir. Le jardin des Plantes et le Luxembourg, à ne
les considérer qu'abstraction faite de leurs habitués,
n'offrent guère qu'une succession d'allées bien sablées,
de statues mythologiques ou historiques, d'arbres plus
ou moins vigoureux. *L'art de la Quintinie* y est cultivé
avec plus ou moins de succès. Les géraniums, les verveines, les tulipes et les dahlias s'y entremêlent d'une
façon toujours la même, quoique variée dans les détails.
Mais si, de l'inspection de cette conformation physique,
nous passons à l'examen de la population, nous y trouverons des différences qui établissent entre eux une
ligne de démarcation tellement infranchissable, qu'un
observateur un peu attentif peut déclarer, à première
vue, si le promeneur qui marche à côté de lui est un
habitué ou un étranger, un familier ou un intrus. Au
jardin des Plantes, errent quelques élèves en médecine
qui viennent préparer leur examen de première année
ou leur baccalauréat ès sciences ; sur les bancs quelques
groupes de jeunes filles, sous la tutelle d'une sous-maî-
tresse, causent à voix basse, d'autres sautent à la corde,

en attendant l'heure de rentrer à la pension ; de vieux garçons, de vieilles filles avec un king's-Charles sous le bras et un parapluie à la main ; quelques capitaines en retraite, faisant sur le sable, avec leur canne, le plan des campagnes de l'Empire, se croisent mélancoliquement, jusqu'à ce que l'horloge vienne leur indiquer le moment où ils vont prendre leur part du maigre festin qui leur est préparé dans la rue Copeau ; tandis que, à quelques pas de là, des familles de provinciaux, des soldats, des bonnes d'enfants, stationnent des heures entières devant la cage des singes, lançant à l'ours Martin des morceaux de pain pour qu'il fasse *le beau,* ou contemplant les serpents endormis sous des couvertures de laine, et qui ne semblent placés là que pour détruire la réputation terrible faite à leurs confrères des pays chauds. C'est à peine si de loin en loin on aperçoit, sous un amandier rose, quelques couples oublieux du monde, ou un professeur suivi de son appariteur, allant faire, pour son agrément personnel, un cours de paléontologie ou de pisciculture.

Le Luxembourg, situé à une autre extrémité de Paris, doit la réputation incontestée dont il jouit, moins aux souvenirs de la régence et de la révolution, moins aux discussions des pairs de France, des ouvriers de Louis Blanc, ou du sénat conservateur, qu'à la jeune et excentrique population dont il est devenu la propriété exclusive. Placé sur les limites du quartier Latin, à deux pas de l'École de droit, de l'École normale, de l'École de médecine, de l'École polytechnique, de l'École des mines, de cinq collèges et d'un nombre incommensurable d'institutions privées, il est devenu le lieu privilégié où la jeunesse studieuse ou non vient tous les jours courir, causer, fumer. Sillonné en tous sens, à toutes les heures, il mène au Panthéon et à la Chaumière, à la Closerie des lilas et à la Sorbonne; et comme l'étudiant a pris à la lettre le *Væ soli* de l'Écriture, il franchit rarement la grille de la rue de Vaugirard sans avoir à son bras une de ces folles créatures qui se sont chargées du soin de former ceux qui doivent être un jour l'honneur de la médecine et du barreau français, et dont les manières sans façon forment un singulier contraste avec la roideur froide et la solennelle impassibilité des reines de France dont les statues entourent le parterre dessiné par le Nôtre.

Les Tuileries aussi ont une physionomie particulière, et cette physionomie consiste précisément à n'en avoir aucune qui leur soit propre. Les Tuileries sont la promenade de Paris, comme le Luxembourg est la promenade du quartier Latin, et le Jardin des plantes le domaine du provincial. Aux Tuileries il n'y a plus ni type particulier, ni population spéciale. On y trouve réunis l'enfance et l'âge mûr, le négociant et l'artiste, le militaire et le bureaucrate, le faubourg Saint-Honoré et la Chaussée-d'Antin, le Marais et le faubourg Saint-Germain; on y cause à voix basse comme dans un salon, on y vient habillé comme pour aller dans le monde, on y fait des visites, on y lit le journal, on s'y présente comme dans un cercle immense et de bon ton, où les hommes et les femmes sont admis à la condition de s'y conformer aux règles du plus strict décorum. On n'y voit plus, comme au Luxembourg, des enfants dont la blouse bleue percée au coude et les genoux déchirés annoncent plus d'ardeur au jeu que de souci de la toilette. La petite fille de cinq ans y connait l'usage de la

Vue générale des Tuileries.

crinoline et de l'éventail ; et si parfois vous entendez quelques cris joyeux sortir des massifs les plus rapprochés du quai, soyez sûr qu'ils ne peuvent provenir que de quelques lycéens en promenade qui, parqués autour du sanglier, courent, crient et se bousculent, sous la surveillance d'un maître d'étude qui, appuyé contre un arbre, suit d'un œil distrait des jeux qu'il ne comprend plus, et regarde en soupirant les ombres élégantes qui se croisent entre les marronniers à l'autre extrémité du jardin.

Mais combien a-t-il fallu de révolutions et de transformations successives pour couvrir les anciens terrains de la sablonnière de statues et de fleurs, pour changer les impurs marais de la Seine en bassins de marbre et en jets d'eau, pour construire un palais là où fumaient les cheminées en ruine de quelques misérables tuileries ? On pourrait écrire une histoire de France en racontant les changements divers opérés sur ce petit espace, qui n'a pas un kilomètre carré.

C'est à Catherine de Médicis que la France doit les Tuileries : triste compensation pour le sang et la honte dont cette reine italienne couvrit pendant vingt ans le royaume de ses fils ! Trouvant le Louvre trop étroit pour elle, irritée peut-être de voir s'élever sur ses murailles le chiffre de sa rivale Diane de Poitiers entrelacé avec celui de Henri II, elle confia à Philibert de Lorme et à Bullan le soin de lui construire un palais qui lui rappelât les traditions élégantes de l'architecture de son pays. C'est alors que s'élevèrent le pavillon de l'Horloge, les bâtiments latéraux et les petits pavillons qui viennent à la suite ; et Catherine posséda à Paris, à deux pas de la vieille et sombre demeure des rois de France, un châ-

teau qui dut plaire,
dans sa gracieuse sim-
plicité, à la fille des Médicis.

Mais une sorte de fa-
talité semble s'être at-
tachée aux œuvres de
Catherine de Médicis.
Pendant vingt ans elle
essaya d'étouffer la ré-
forme, elle fit la Saint-
Barthélemy ; et, quinze
ans après, le dernier de
ses fils tombait sous le
poignard des moines,
et le fils de son en-
nemie huguenote s'as-
seyait sur le trône de
France. Elle construi-
sit les Tuileries, et, quelques siècles après, le
chef - d'œuvre qu'elle
avait inspiré avait com-
plétement disparu, au
milieu des agrandisse-
ments inintelligents et
des réparations igno-
rantes sous lesquelles on
croirait que les succes-
seurs de Philibert de
Lorme se sont fait un
plaisir d'étouffer la pen-

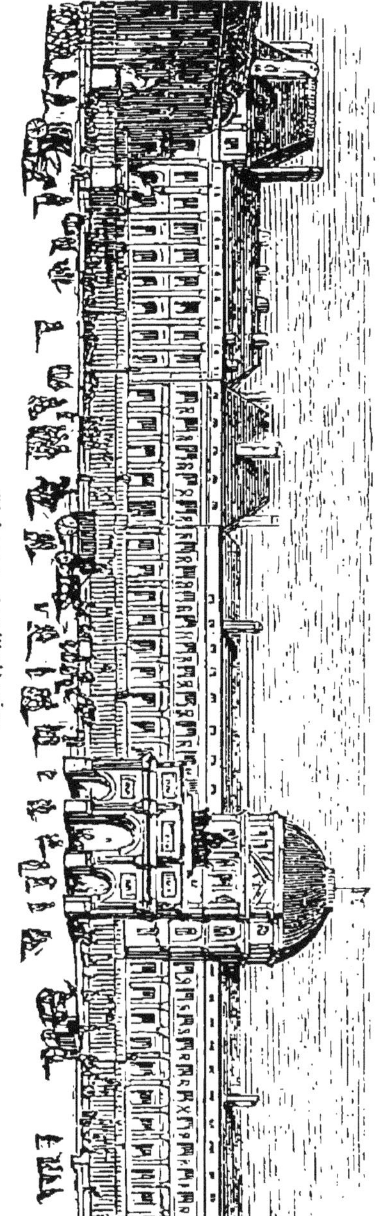

Château des Tuileries.

sée simple et harmonieuse qui avait présidé aux plans du célèbre artiste.

Aussi on dirait que les rois de France ont évité avec soin d'habiter ce palais, auquel ne les rattachaient aucun des souvenirs de leur race, et qui n'offrait pas à la monarchie absolue les splendeurs nécessaires pour y déployer les magnificences d'une cour sans égale dans le monde. Versailles bâti au prix de l'épuisement et de la ruine de la France, Louis XIV s'y établit comme dans le seul lieu réellement digne de celui qui avait pris le soleil pour emblème ; et le petit-fils du grand roi préféra à sa bonne ville de Paris ces châteaux isolés où sa volupté peu scrupuleuse pouvait déposer aux pieds de madame du Barry cette majesté superbe qui n'abandonnait jamais son aïeul, même dans les moments où il se montrait le plus homme. Plus tard, lorsque le peuple de Paris alla chercher à Versailles l'infortuné Louis XVI, et qu'il le ramena captif, insultant à ses douleurs et aux larmes de ses enfants, ce furent les Tuileries qu'on lui donna pour prison, et il y but lentement le calice d'amertume et de sang que les folies de ses prédécesseurs lui avaient préparé. De ce palais, bâti par une reine qui avait fait massacrer par son fils ses sujets protestants, il put entendre les voix terribles et accusatrices qui s'élevaient de la tribune de la Convention nationale. C'est là qu'il languit pendant deux ans, jusqu'à ce qu'enfin la journée du 10 août vint arracher à ce long supplice ce prince, qui, adulé quelques années auparavant par un peuple en délire, n'eut pour se défendre au moment du danger que le dévouement soldé de quelques régiments suisses, et vint poser, devant son propre palais, sa tête royale sur l'échafaud de la révolution.

Quelques années plus tard, des tribunes splendides étaient dressées au milieu des Tuileries ; une foule immense encombrait les allées et les rues adjacentes. Des hommes graves, et vêtus d'un costume théâtral, étaient rangés des deux côtés d'un bûcher surmonté des trois statues de l'Athéisme, de la Discorde et de l'Égoïsme, tandis que des groupes d'enfants, de vieillards et de femmes, couronnés de myrte, de chêne et d'olivier, attendaient le signal des musiciens pour entonner des hymnes patriotiques. A la tête des représentants du peuple français, on voyait un homme petit et pâle. Il portait un chapeau couvert de plumes, un habit bleu, un gilet blanc, des culottes de nankin, et tenait à la main un bouquet de fleurs, de fruits et d'épis. Cet homme était Robespierre, qui venait présider la fête de l'Être suprême, dont l'existence avait été votée par la Convention nationale. Quelques mois après, le dictateur qui avait exercé en France un pouvoir plus étendu et moins contesté que celui de Louis XIV allait périr du supplice auquel il avait condamné Louis XVI et Marie-Antoinette, Hébert et Danton, Camille Desmoulins et Charlotte Corday, ne laissant après lui qu'un nom abhorré, et une tache éternelle à la cause qu'il avait cru servir.

L'Empire, la Restauration et la monarchie de Juillet passèrent aux Tuileries, et disparurent. Le roi de Rome, le duc de Bordeaux, le comte de Paris, naquirent tour à tour dans ce palais et vinrent jouer sur ces pelouses, pour être chassés successivement par les révolutions, victimes innocentes des impitoyables caprices de la fortune. Que d'événements se sont succédé, depuis les jours où Napoléon passait les grandes revues de sa garde impériale avant de la mener à Austerlitz ou à Friedland, jusqu'au moment où le gouvernement provisoire de 1848 consacra aux *invalides du travail* le palais de Catherine de Médicis! L'histoire seule, de son regard impassible, peut rechercher et trouver la trace des événements passés; mais sa voix et ses avertissements terribles ne viennent point troubler les pensées de celui qui longe en courant les vieilles murailles des Tuileries, ni les cris joyeux des enfants qui inondent de leurs troupes bruyantes les allées ombragées où le club des Jacobins voulait, il n'y a pas soixante ans, faire planter des pommes de terre et des navets, pour subvenir à l'alimentation des Parisiens affamés par le maximum.

Nous l'avons dit, les Tuileries sont le véritable jardin de Paris; et avec leur population multiple, au milieu d'une confusion apparente, il est facile d'y reconnaître autant de nuances tranchées qu'il y a de classes différentes dans cette immense cité qui se vante, non sans quelque raison, d'être la ville de l'égalité par excellence. Les catégories établies par l'usage, par les relations du monde, par l'habitude et l'éducation, s'y heurtent sans se mélanger, et, par un accord tacite, chacun s'est réservé une petite portion de ce territoire exigu, qui pourrait à la rigueur donner une idée exacte de la société; et à coup sûr on aurait séparé les diverses allées par des barrières infranchissables, qu'on n'aurait pas obtenu un résultat aussi positif que celui auquel on est arrivé naturellement en laissant à leur libre arbitre les Parisiens désœuvrés. Pour avoir une idée exacte des Tuileries et de leurs habitués, nous sommes donc amenés naturellement à en faire une sorte de carte topographique; et nous passerons de la géographie à la description des végétaux et surtout des naturels qui font de cette terre favorisée du ciel un petit Eldorado peu connu de beaucoup de voyageurs qui, séduits par la douceur du climat, l'urbanité des habitants et les commodités de toute sorte qu'on y trouve à peu de frais, ont passé bien des années de leur vie au milieu de cette enceinte resserrée qui est au monde élégant ce que Rome, *communis patria*, était au monde ancien.

Si nous supposons qu'un observateur placé au haut du pavillon de l'Horloge, sans arrêter ses regards sur le magnifique panorama qui, se déroulant au-dessous de lui, embrasse la place de la Concorde, la Seine, les Champs-Élysées et se termine à l'arc de triomphe de l'Étoile, fixe seulement ses regards sur le rectangle à peu près parfait qui forme le jardin des Tuileries, il apercevra tout d'abord trois divisions bien distinctes. Perpendiculairement à ses pieds, et longeant le mur même du palais, se trouve un parterre réservé, qu'un fossé assez profond, dont les rebords sont couverts de lilas, sépare du jardin dessiné par le Nôtre, et où le grand artiste aurait bien de la peine à reconnaître l'œuvre de son génie, disparue presque entièrement par suite d'*embellissements* successifs. Plus loin, commence une véritable forêt de marronniers gigantesques qui se couvrent tous les ans de fleurs éblouissantes, dont la blancheur immaculée ne laisse apercevoir que par de rares interstices la verdeur robuste des feuilles, qui forment au-dessus des promeneurs un dôme impénétrable au soleil comme à la pluie. Dans l'axe de l'arc de triomphe et du pavillon de l'Horloge, s'ouvre une large et majestueuse allée qui conduit à la place de la Concorde.

Des deux côtés, le long de la rue de Rivoli et du quai, les deux terrasses des Feuillants et du bord de l'eau, plantées de tilleuls, viennent, par une pente gracieuse, mourir doucement au bord du grand bassin.

Le premier jardin est le seul dont l'accès soit interdit au public ; on a même fermé le passage qui menait des

Terrasse du bord de l'eau.

Tuileries à la place du Carrousel, et que la république de Février avait laissé ouvert, comme la monarchie de Juillet. Des pelouses bien peignées, des allées bien sablées, quelques statues, telles que le groupe de Laocoon et l'Apollon du Belvédère, voilà tout ce que le promeneur curieux peut apercevoir en se penchant par-des-

sus la grille de fer qui surmonte le talus du fossé de sé-
paration. Souvent l'été, par une belle matinée, on voit
des spectateurs pressés, massés et foulés le long de cette
grille : ce sont quelques provinciaux à qui l'on a dit
que l'empereur et l'impératrice se promènent invaria-
blement tous les matins avant déjeuner. Ils attendent,
regardent à leur montre, et, après une ou deux heures
d'expectative, ils vont chercher d'autres plaisirs, en se
promettant bien d'être plus heureux le lendemain.
Sous le règne de Louis-Philippe, la musique de la garde
nationale et celle de l'armée venaient jouer tour à tour sous
le balcon, et la famille royale manquait rarement de s'y
montrer. C'est là que fut commise la dernière tentative
sur la personne du roi. Un homme dont le nom est déjà
tombé dans l'oubli, et qui n'aura pas même un jour la
triste célébrité du crime, tira d'une distance immense
un coup de pistolet sur Louis-Philippe, jusqu'auquel sans
doute la balle n'arriva pas. Lorsque la révolution de
Février fut entrée aux Tuileries, une grande quantité
de papiers de la famille royale fut déchirée et jetée par
les fenêtres. Le vent les emporta jusque dans le fossé, et
pendant longtemps on put voir des monceaux de lettres
accumulées, souillées par la pluie et dispersées par la
tempête.

Le second jardin est d'une étendue beaucoup plus
considérable. Des parterres nombreux, entourés de petites grilles en fer, quelques fleurs rares, des lilas de
Perse, des tulipes, une herbe fine et soignée, attestent
le zèle de ceux qui sont chargés de conserver et d'entre-
tenir le travail de le Nôtre. Ces parterres sont le domaine exclusif de beaux ramiers qui ont élu domicile
aux Tuileries, et dont le roucoulement plaintif et amou-

reux produit une singulière émotion chez celui qui, sortant des rues étroites et encombrées du quartier Saint-Honoré, vient s'égarer un instant sous les beaux massifs qui s'étendent des deux côtés de la grande allée. Perchés sur les plus hautes branches, ils s'appellent, se poursuivent et s'envolent deux à deux vers les carrés verdoyants où des vieillards, des femmes et des enfants leur jettent des miettes de pain que d'insolents pierrots viennent leur prendre jusque dans leur bec rose et velouté; car les pierrots abondent aux Tuileries comme au Palais-Royal. Juchés sur le nez de Spartacus ou sur l'olivier de Thémistocle, sur le poignard de Caton ou sur le ciseau de Phidias, ils semblent narguer, avec leur cynisme habituel, et les hôtes royaux du palais, et les promeneurs du jardin, et les héros antiques qui, du haut de leur piédestal de marbre, froids et immobiles au milieu des changements qui s'opèrent autour d'eux, ont assisté avec une fière indifférence aux drames terribles qui se sont accomplis depuis cinquante ans.

On pourrait dire que le parterre des Tuileries n'est qu'un lieu de passage entre la rue de Rivoli et le quai, entre la rive droite et la rive gauche de la Seine, si les trois bassins dont il est orné ne lui donnaient une physionomie et un aspect singuliers, que ne pourra jamais comprendre un homme qui n'est pas initié aux habitudes intimes du Parisien. Entrez à une heure quelconque de la journée, et vous verrez le plus grand de ces bassins, qui n'a en lui rien de particulier, entouré d'une foule tellement compacte qu'il vous faudra une dose assez forte d'énergie et de patience pour prendre votre part du spectacle. Si vous parvenez à la fin à vous insinuer, si vous arrivez au premier rang,

vous serez étonné d'une curiosité aussi extraordinaire ;
car vous n'apercevrez que deux cygnes qui nagent tran-
quillement, et qui plongent au fond de l'eau leur cou
onduleux, pour arracher quelques-unes des rares plantes
aquatiques qui croissent entre les insterstices des pierres,
tandis qu'une vingtaine de petits vaisseaux flottent au
gré des vents, au milieu des exclamations des enfants qui
les ont lancés sur cette mer peu orageuse. Eh bien ! ce
sont précisément ces cygnes et ces vaisseaux qui atti-
rent la foule.

Le Parisien a une idée fixe, une de ces idées qui se trans-
mettent de génération en génération et qui deviennent
plus intenses de jour en jour, comme ces monomanies
qui tournent à une folie véritable lorsque le jeune
homme devient un vieillard. Le Parisien ne voit rien
au monde au-dessus de la navigation, et il est ferme-
ment convaincu que tôt ou tard Paris deviendra un
port de mer. La croyance des Juifs à la venue d'un
Messie n'est pas plus solidement enracinée dans le cœur
du plus fervent des fils d'Abraham. L'habitant de la
rue des Lombards et de la rue Grenétat, fidèle aux
traditions des premiers citoyens de Lutèce, plein de res-
pect pour les armes de sa ville natale qui viennent s'é-
taler jusque sur le collet des sergents de ville, contemple avec amour les rives resserrées du fleuve sur les
bords duquel il a été élevé. Tout ce qui lui rappelle la
vie maritime est rempli pour lui d'un charme indéfinis-
sable. Revêtu de la vareuse du matelot, coiffé du chapeau de toile cirée, il se met en course le dimanche matin
sur une embarcation qui fut construite dans les vastes
chantiers d'Asnières. Là, avec un équipage choisi, fredonnant une barcarolle, il entreprend tous les huit jours,

quelque temps qu'il puisse faire, un voyage de long
cours. Il se hasarde parfois jusqu'à doubler la pointe
dangereuse de Saint-Cloud ; et si le géant Adamastor
se présentait tout à coup à lui au milieu du brouil-
lard, je doute que son cœur héroïque fût d'une trempe
moins pure et moins énergique que celle du grand
navigateur portugais. Les manœuvres de la garde nationale, les feux d'artifice, les illuminations des fêtes
officielles, ne lui offrent plus qu'un intérêt médiocre.
Les combats de taureaux eux-mêmes parviendraient
difficilement aujourd'hui à émouvoir son âme, habi-
tuée aux tempêtes et aux fureurs de l'humide élément. Faut-il donc s'étonner s'il contemple avec une
espèce d'orgueil protecteur ces petits bâtiments que la
main de son fils envoie lutter contre les ouragans du
bassin des Tuileries? Il voit dans ces jeunes armateurs
de futurs vainqueurs aux régates du Havre; peut être
parmi eux se trouve-t-il un successeur de l'amiral Ha-
melin, un futur vengeur de Sinope !

Les deux autres bassins ne jouissent pas d'une popularité aussi grande ; mais ils ne laissent pas que d'avoir
aussi leurs habitués et leurs partisans. C'est que dans
cet espace étroit se jouent des poissons rouges, en nombre assez considérable pour faire les délices perpétuelles
de Schahabaham. Tournant sans cesse dans le cercle infranchissable qui les enferme, ils étalent au soleil leur
dos couleur de pourpre et les écailles argentées de leur
ventre. C'est là que le conscrit, encore triste des souvenirs qu'il a laissés au pays, vient passer des heures
entières, perdu dans une vague méditation. A quelques pas plus loin, nous le trouverons moins poétique
et plus martial, justifiant cette renommée impérissable

de séducteur , sa gloire la moins contestée et la plus
douce.

Nous ne pouvons abandonner cette partie des Tuileries sans toucher une question controversée , et qui
exercera longtemps la sagacité de nos petits neveux : trop
heureux si nous pouvons apporter dans cet intéressant
débat, sinon les lumières de la science, du moins une
conviction forte et honnête, et un ardent amour de la
vérité, quelle qu'elle soit! Nous voulons parler de l'existence même de cet arbre fameux, connu dans le monde
entier, mais surtout à Paris, sous le nom de *marronnier du 20 mars*. Pourquoi ce végétal illustre jouit-il de
cette immense réputation? Pourquoi dès la fin de février,
avant même que les premières hirondelles aient salué
de leurs cris joyeux le palais impérial, voit-on, dis-
persés dans tous les coins des Tuileries, des groupes
inquiets qui examinent avec anxiété des arbres encore
couverts de givre? Pourquoi en 1852, alors que la nou-
veauté d'un changement radical dans la forme du gouvernement français laissait encore planer de nombreux
nuages sur l'horizon de la politique, vit-on tout à coup,
avec les premières feuilles du marronnier, la Bourse se
relever et les affaires reprendre avec une intensité dont
les esprits superficiels ne pouvaient se rendre un compte
exact ? C'est que le Parisien croit au marronnier comme
les Troyens au Palladium ; c'est que, malgré son scepticisme invétéré, c'est peut-être la dernière croyance
qu'il ait conservée, semblable à tous les peuples vieillis,
qui deviennent superstitieux, alors que la foi s'est
éteinte chez eux. Quoi qu'il en soit, la conviction existe,
et bien fort serait celui qui pourrait l'ébranler. M. Joseph Prudhomme est là pour la défendre, et il la dé-

fendra tant qu'il lui restera en main un tronçon de son épée proverbiale.

Mais s'il y a unanimité sur l'existence de l'arbre pro-phétique comme ceux de la forêt de Thessalie; si parmi les plus audacieux démolisseurs il ne s'en trouve pas un qui ose heurter de front cette légende simple et naïve; si tous, depuis l'enfant insouciant jusqu'au vieillard oublieux, s'en retournent heureux et fiers quand ils ont aperçu les premiers bourgeons, il s'en faut de beaucoup que l'accord soit aussi complet sur l'origine de cette religion végétale. Les uns veulent la cacher jusque dans la nuit des temps; mais l'histoire impartiale se refuse à admettre cette tradition touchante et claire, sous le prétexte, peut-être futile, que les massifs, tels qu'ils existent aujourd'hui, n'ont pas beaucoup plus de soixante années d'existence. Les autres, plus positifs et plus modestes, ne font remonter leur respectueuse adoration qu'à l'époque du retour de l'Empereur de l'île d'Elbe, alors que l'arbre se couvrit en une nuit de fleurs et de feuilles; et, pour flatter sans doute leurs adversaires plus enthousiastes, ils ajoutent que, par un phénomène qui devait épouvanter l'incrédulité la plus robuste, ce furent des fleurs de violette qui vinrent s'épanouir à l'extrémité de chaque branche; fleurs symboliques qui devaient devenir, sous la Restauration, l'emblème de l'opinion bonapartiste.

Mais la divergence devient bien plus grande encore quand il s'agit de savoir quel est au juste l'emplacement où croît, entre mille autres, cet arbre extraordinaire. Les uns le placent à l'extrémité du jardin, du côté de la place de la Concorde; d'autres le trouvent auprès du sanglier; d'autres enfin, en face même des Tui-

leries. Les sectes, sur ce point, sont aussi nombreuses que les pieds d'arbres, et nous avouons que,
malgré les investigations les plus scrupuleuses, nous
n'avons pu encore nous former une opinion bien pré-
cise à ce sujet; et, si nous ne craignions de nous faire
un mauvais parti, nous nous rangerions volontiers du
côté des quelques mécréants qui pensent que le marronnier du vingt mars n'a jamais existé, pas plus que
ces pigeons voyageurs que, sur la foi de Fenimore
Cooper, les chasseurs marseillais attendent tous les ans
à l'affût. Ce qui ne nous empêche pas d'engager fortement tous les étrangers que l'Exposition universelle
amènera ce printemps à Paris à chercher le marronnier du 20 mars, et à l'admirer comme il mérite de
l'être, si, plus heureux que nous, ils parviennent à s'assurer de son existence.

Nous avons visité jusqu'ici une grande partie des
Tuileries, et pourtant nous n'avons pas encore aperçu
les Tuileries elles-mêmes. Nous n'avons pas encore
pénétré dans ce petit sanctuaire où se réunit à jour
et à heure fixes cette foule charmante et variée qui
fait, d'une seule allée d'un jardin médiocre par lui-
même, nous ne dirons pas une des plus jolies promenades, mais un des salons les plus beaux du monde.
Pénétrons sous cette rangée d'arbres touffus et verdoyants, séparés de la terrasse des Feuillants par un
espace sablé, bordé des deux côtés par des orangers
chétifs et rabougris, qui deviendront sans doute des
arbres luxuriants lorsque Paris sera devenu un port de
mer. Prenons une chaise, et regardons. Le bourdonne-
ment incessant que soulève la circulation immense et
continue de Paris vient se briser contre les épais mas-

sifs : ce n'est plus un bruit incommode et assourdissant, c'est un roulement vague et lointain qui rappelle le murmure puissant de la mer. Devant nous circulent des hommes, des femmes, des enfants, dont les vives clameurs dominent les conversations particulières, et qui vont chercher jusque entre les jambes des lecteurs pai-

La grande allée.

sibles le ballon ou le cerceau échappés de leurs mains. A droite et à gauche, des mères, des jeunes filles, des gouvernantes travaillent ou font semblant de travailler, et répondent de temps à autre aux saluts respectueux de leurs connaissances du monde. On rencontre tous les types, toutes les classes. Le faubourg Saint-Germain est aussi largement représenté que les quartiers moins

nobles qui avoisinent les boulevards. Des étrangers de
tous les pays contemplent avec étonnement cette population parisienne, dont ils se sont fait depuis leur enfance une idée si attrayante et si bizarre. Ils tâchent de
découvrir, dans la femme qui passe dédaigneusement
devant eux, une artiste célèbre, ou, dans l'homme froid
et préoccupé qui les coudoie, quelqu'une de ces illustrations dont le nom a franchi les monts et les mers,
un de ces représentants de l'esprit et du génie français,
dont la prépondérance incontestable exerce, jusque
chez les peuples les plus éloignés et les moins sympa-
thiques, une sorte de fascination irrésistible. Pendant
ce temps, quelques jeunes gens, le lorgnon dans l'œil
et enveloppés d'une redingote de laquais, viennent,
dignes successeurs des incroyables de 96, essayer le
pouvoir de leurs charmes dans les lieux mêmes où madame Récamier et madame Tallien déployaient, à d'autres époques, un costume tellement antique, qu'Aspasie
et Laïs auraient peut être hésité à le porter. Qu'auraient-
elles dit ces belles Grecques du Directoire, si elles avaient
pu soupçonner que leurs petites-filles, au lieu de se dra-
per dans la gaze transparente, s'envelopperaient d'une
espèce de cuirasse de crin, qui n'a d'autre effet plastique
que de leur prêter des charmes dont elles mourraient
de chagrin, si la Providence, aussi peu artiste qu'elles,
se plaisait un jour à les rendre telles qu'elles veulent le
paraître ?

Le dimanche, tout change aux Tuileries comme partout ailleurs. Plus de jeunes filles gracieuses et coquettes,
plus de turbulents enfants, rappelant dans leurs costumes variés le Highlander écossais ou le page du seizième
siècle ; plus de jeux plus de cris. Les barbares se sont

emparés de ces allées d'ordinaire si tranquilles et si aristocratiques. Une foule immense, venue de tous les coins de Paris, se pousse, se bouscule et s'étouffe, sous le prétexte de chercher l'ombre et la fraicheur parmi les marronniers étonnés d'une invasion aussi peu cérémonieuse. Les chaises ne suffisent plus ; les bancs sont encombrés ; des toilettes insolentes blessent les regards avec leurs couleurs éclatantes et disparates. La société d'élite a fait place à la cohue. Les Tuileries ressemblent alors au Luxembourg, aux Champs-Élysées, au bois de Boulogne, à tous les lieux où poussent un arbre ou un brin d'herbe. Et pendant ce temps des convois spéciaux transportent, tous les quarts d'heure, des milliers de promeneurs à Saint-Cloud, à Enghien, à Sceaux, à Versailles, jusqu'à Fontainebleau et à Compiègne. Qui pourra jamais dire le nombre de Parisiens qui abandonnent, les jours de dimanches et de fêtes, la maison où ils ont travaillé toute la semaine, attachés par l'appât d'aller faire en rase campagne, par des chemins pierreux, à travers la poussière et la chaleur, ce qu'ils appellent une partie de plaisir ?

Mais laissons ce jour exceptionnel, pendant lequel il est convenu que tout homme et toute femme qui se respecte doit rester enfermé, sous peine de perdre immédiatement son prestige d'élégance et de bon ton. Descendons l'allée des orangers, tournons à gauche, et arrêtons-nous un instant le long de ces espaliers qui font face au grand bassin. Un spectacle tout nouveau nous y attend ; tout a changé de face : la température semble n'être plus la même ; un air doux et pur rappelle vaguement le climat du Midi. C'est là que, dans les premiers jours du printemps et dans les derniers de

l'automne, des vieillards et des enfants à la mamelle
viennent chercher une dernière jouissance ou un premier plaisir. Une faiblesse commune rapproche ces
deux extrémités de la vie humaine. Les uns tâchent de
puiser dans cette atmosphère vivifiante la force de vivre
quelques heures encore ; les autres essayent, en trébu-
chant et en riant, de parcourir ces allées sablées où ils
viendront un jour traîner leur vieillesse maladive et
morose. De robustes Cauchoises, des Picardes rubicondes,
de vigoureuses Bourguignonnes guident les premiers pas
de ces petits êtres, qui, quelques années plus tard, iront
à leur tour chercher dans une autre partie du jardin
des aventures et des succès. En attendant, ils font leur
apprentissage de conquérants sur les genoux d'un sa-
peur céladon qui vient retrouver dans la Petite-Provence les doux propos et les tendres confidences de sa
payse transplantée à Paris, et renouer avec elle les en-
gagements pris jadis aux bords de la Loire et de la Ga-
ronne.

Quittons maintenant le côté droit de la grande allée
pour passer de l'autre côté ; nous nous croirons facilement
transportés à cent lieues de Paris. Là tout est mystère
et solitude. Quelques couples isolés, parlant à voix basse,
poursuivent doucement leur marche indécise. C'est auprès du sanglier, à l'heure où les ombres épaississent,
qu'on rencontre le plus souvent ces amants oublieux du
monde. Ils savent que leur asile sera respecté ; ils savent
que les rares passants qui se croisent avec eux sont
des poëtes à la recherche d'une rime, des auteurs dramatiques à la poursuite d'un dénoûment, ou des invalides qui regagnent l'hôtel en se prêtant mutuellement
l'assistance de leurs membres mutilés. Une sorte de

convention tacite écarte de ce sanctuaire les oisifs et les
indifférents. Qu'iraient-ils faire dans cette retraite de
la poésie et de l'amour? Pour eux la vie n'existe qu'au
milieu de la foule qui tourbillonne et se mêle à l'autre
extrémité du jardin, et dont le murmure confus arrive
à peine jusqu'au fond de ces allées silencieuses.

Montons cet escalier qui nous conduit à la terrasse du
bord de l'eau. C'était jadis le lieu réservé au duc de
Bordeaux, au comte de Paris et aux enfants de la famille
royale. Ils y arrivaient par un passage souterrain qui

Place de la Concorde.

communique avec le palais. Sous la surveillance d'une
gouvernante, au milieu de quelques camarades de leur
âge, ils s'y amusaient avec une ardeur que nulle étiquette
ne venait contenir; et bien souvent le piéton tranquille
qui passait sur le trottoir du quai recevait sur la tête
ou dans le dos quelque ballon lancé par une main prin-
cière. Aujourd'hui la terrasse du bord de l'eau est re-
tombée dans le domaine public; mais de rares promeneurs franchissent chaque jour cette petite porte par
laquelle est sortie la royauté de Juillet.

Arrêtons-nous ici ; nous avons parcouru le cercle que nous nous étions tracé. Derrière nous sont les Tuileries, avec leur population si variée et si curieuse, avec leurs souvenirs si terribles et si grandioses. Devant nous s'étend cette place de la Concorde, témoin de tant de scènes diverses depuis la mort de Louis XVI jusqu'à la proclamation de la constitution de la seconde république française. A l'horizon se dresse l'arc de triomphe de l'Étoile, digne monument élevé à la gloire d'une armée de géants. Il y a vingt siècles et plus qu'un peuple, que son amour instinctif pour le beau et son organisation artistique avaient placé à la tête de la civilisation, accourait chaque soir sur une promenade qui s'appelait aussi les Tuileries, pour y critiquer une théorie de Platon, une comédie d'Aristophane ou une statue de Phidias, tandis que quelques barbares étonnés contemplaient avec admiration ces hommes si simples, si élégants et si nobles. Une des prétentions de Paris est d'avoir succédé à la vieille Athènes. Je ne sais si cette prétention est fondée ; mais ce que je sais bien, c'est que jamais les enfants chéris de Minerve n'ont eu un jardin plus beau, plus complet, plus riche, plus original et plus charmant que cette promenade sans goût, sans style et sans caractère que l'on nomme les Tuileries.

IV. — LE LUXEMBOURG.

Les annales du Luxembourg débutent comme celles des Tuileries : c'est encore l'histoire d'un nid qui devient une aire. Ce vaste palais était, au milieu du sei-

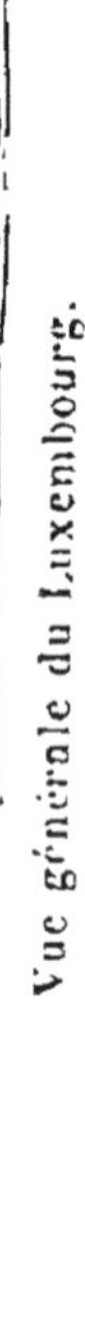

Vue générale du Luxembourg.

zième siècle, l'hôtel d'un gentilhomme, Robert de Har-
ley de Sancy. Vers 1580, le duc d'Épinay-Luxembourg
convoita cette demeure, et l'acheta. Après l'avoir res-
taurée avec amour, après avoir considérablement agrandi
ses dépendances, il se disposait à y vivre de la vie d'un
grand seigneur, lorsque Marie de Médicis en voulut
faire l'acquisition pour quatre-vingt-dix mille francs.
Cette veuve de Henri IV, qui devait périr de misère
dans je ne sais quel grenier de Cologne, au milieu des
brouillards du Rhin, ne trouva pas que cette résidence
fût digne d'abriter sa tête royale. Elle appela son architecte Jacques de Brosse, comme Catherine de Médicis
avait mandé Philibert de Lorme, et voulut un château
ui lui remît sous les yeux les élégantes magnificences
de sa patrie : on se souvint du palais Pitti, et on éleva
le palais du Luxembourg. Voilà comment Paris doit des
remercîments à ces impérieuses filles de Florence, qui,
parmi leurs passions, comptèrent heureusement celle de
la noble architecture.

Ce palais, dont nous parlerons plus loin en détail,
s'il paraît manquer de cette légèreté et de cette élégance poétique qui, dans les édifices mauresques par
exemple, résultent de la délicatesse et de la riche multi-
plicité des détails, offre cependant dans cette pesanteur
relative une certaine grâce, qui est celle de la force et de
la solidité. Si l'architecture de ce palais n'est pas des
plus délicates, des plus ouvragées et des plus brillantes,
il en est peu qui la surpassent par la juste proportion des
membres, la robuste apparence, et je ne sais quoi de
sobre qui satisfait le goût.

A quoi bon dérouler la liste des princes et des princes ses qui possédèrent tour à tour le Luxembourg ? Les

palais ont, comme les livres, leurs destinées mystérieuses : *habent sua fata.* Un jour, il eut pour hôtesse cette grande Mademoiselle de Montpensier, qui, après avoir eu la chance illustre de s'asseoir sur le trône de France, d'Espagne, d'Angleterre et d'Autriche, finit par donner sa main à un cadet de Gascogne, nommé Lauzun ; un

Palais du Sénat, au Luxembourg.

autre jour il fut habité par une autre fille du sang royal, qui, elle aussi, donna son cœur volage à un simple gentilhomme. En ce temps-là le Luxembourg fut le théâtre des plaisirs les plus étranges. On y célébra ces patriarcales fêtes d'Adam, où on poussait la recherche de la couleur locale jusque dans le choix du costume. Nous nous contentons d'effleurer ces scènes tant de fois flétries ; nous sommes de ceux qui n'aiment pas à parler des femmes lorsque les historiens indulgents ont trouvé leurs fautes sans excuse.

Ce palais, qui appartint à Louis XIV avant d'appartenir au Régent, ne tarda pas à retomber dans le domaine royal. Louis XVI en devint maître, et le donna à son frère le comte de Provence, qui le quitta une nuit d'été, pour aller attendre à Coblentz le trône constitutionnel que le temps devait lui octroyer en échange d'une charte. Après son départ, la révolution posa son ongle ensanglanté sur cet héritage des rois ; elle en prit possession au nom du peuple souverain. Alors commença pour cet asile des voluptés, pour cette Cythère de la régence, un régime inouï : on grilla ces fenêtres où les duchesses épiaient le passage de leurs amants ; on verrouilla ces portes qui s'ouvraient si facilement au souffle de l'Amour ; on répandit les ténèbres et le silence dans ces lieux où retentissaient naguère les chansons aux refrains équivoques, où jaillissait jusqu'aux plafonds la flamme des joyeuses orgies. On chassa les valets, et on manda les geôliers.

La carmagnole de laine noire remplaça les somptueuses livrées. Quand tout fut prêt, on vit venir, d'un pas lent et les yeux pensifs, les tristes hôtes de ces cachots improvisés. Grands seigneurs, grandes dames, grands artistes, entrez tous ! David, dont le pinceau devait un jour illustrer ces murailles, y vint attendre un arrêt de mort à côté de Mme de Mouchy, cette héroïque épouse d'un maréchal en cheveux blancs.

Quand la Terreur se fut éteinte comme la foudre dans le sang de Robespierre, survint le Directoire, qui s'installa gaiement sur la chaise des guichetiers. On

donna de l'air aux appartements, on épousseta les do-
rures, on rouvrit les boudoirs de la duchesse de Berry ;
puis, insoucieux d'un formidable passé, on s'élança
légèrement sur la trace de messieurs les roués. Les
dîners du vicomte de Barras ne valurent-ils pas les
petits soupers de Philippe d'Orléans ? Le César des
Gaules, Napoléon, illumina un instant ce séjour de sa
radieuse présence. Au retour de ses campagnes d'Italie,
il y passa quelques nuits, tourmentées par les rêves de
la gloire ; mais il en sortit bientôt pour aller aux Tuileries.

Le Sénat conservateur y tint ses séances jusqu'en
1814, époque à laquelle on y établit la chambre des
pairs. En 1848, la chambre des pairs fut emportée dans
la bourrasque populaire, et la noble salle des séances
vit l'installation de la commission des travailleurs; pré-
sidée par M. Louis Blanc. Aujourd'hui le palais du
Luxembourg sert aux délibérations du Sénat.

Quittons maintenant la grande hôtellerie de Jacques
de Brosse pour descendre au jardin de le Nôtre. Comme
Mme de Sévigné, nous aimons mieux le râteau que la
truelle, et les bossages de ces murailles nous réjouissent
beaucoup moins que les boulingrins et les charmilles.
Cependant nous reviendrons au palais tout à l'heure.

Avant la révolution, et comme en dépit des bacchanales de la régence, c'était un lieu bien solitaire et bien
mélancolique que ce jardin du Luxembourg. Placé à
l'extrémité du faubourg Saint-Germain, il était envi-
ronné de cloîtres et d'églises. Jetez les yeux sur un
plan de Paris à cette époque, et tout autour d'une maison de plaisir vous verrez se dresser, comme la menace
du ciel, une foule de bâtiments tristes et mornes, avec

de vastes enclos aux dessins symétriques. A l'est, sont
les Feuillantines, les Ursulines, les Carmélites, les reli-
gieuses de Port-Royal, les filles de la Providence, et
tant d'autres encore. A l'ouest, les filles du Calvaire,
les filles du Saint-Sacrement, du Précieux-Sang, de la
Nativité de Jésus. Viennent ensuite, çà et là, les mo-
nastères d'hommes : les Carmes, les Chartreux, les Bé-
nédictins, les Feuillants, les Capucins, les Frères des
écoles chrétiennes et le noviciat des Jésuites. Au milieu
de ce monde voué à la prière s'élancent, comme des
surveillants rigides, les tours de Saint-Sulpice et le
dôme du Val-de-Grâce. Puis, à travers cette architecture de la pénitence, on rencontre l'architecture non
moins sévère, quoique plus brillante, des hôtels des
grands : ceux de Condé, de Chaulnes, de Nivernais,
de la Trémouille, etc. Que de silence, que d'isolement,
quelle sinistre odeur de cloître ! Rien que des chants d'oiseaux, des sons de cloches et le roulement lointain du
carrosse qui apporte à Dieu les épaves de l'amour : hier,
la belle Fontanges qui vient mourir à Port-Royal d'une
mort mystérieuse; aujourd'hui, la blonde la Vallière qui,
victime résignée, vient offrir sa tête au voile des Carmélites ; demain, Mme de Montespan qui la suit, toujours fière et impatiente de régner; une autre fois,
Mme de Maintenon qui voudrait interroger la mémoire
de ses rivales, pour s'instruire dans l'art difficile de
fixer le cœur insatiable de Louis XIV.

Le Luxembourg a changé de physionomie. Les
cloîtres se sont écroulés; les moines ont disparu. Au
lieu de ces flèches d'églises qui de tous côtés perçaient
la nue, de nombreuses pompes à feu projettent vers le
ciel des tourbillons de fumée; là, comme ailleurs, le

siecle a fait invasion... Et cependant l'âme y éprouve d'involontaires tristesses, un je ne sais quoi de mélancolique et de morne pèse dans l'air que vous y respirez: on ne se meut pas, comme aux Tuileries, dans une pleine liberté d'esprit; on se croit poursuivi par les fantômes du passé. Le Val-de-Grâce et Saint-Sulpice sont toujours là qui vous regardent d'un air sévère, et qui vous parlent sans cesse du haut des clochers, avec toutes leurs bouches de bronze.

Quoi qu'il en soit, ce jardin est vraiment beau. Rien ne manque au charme de cette enceinte tant de fois rajeunie. Grâce aux conquêtes faites sur les Chartreux et sur quelques propriétaires du voisinage, l'œil se promène à l'aise dans l'espace de 1,407 mètres, qui sépare le palais du Sénat de l'Observatoire. Sous la première république, le promeneur bornait sa course à l'entrée de la belle avenue des marronniers, que deux gros lions surveillent d'un air rébarbatif; mais, aujourd'hui, plus rien ne l'arrête. Qu'il aille donc en paix sous les ombrages fleuris, cet enfant du dix-neuvième siècle, sous ces jeunes acacias aux grappes roses qui feront un jour la plus délicieuse allée de la terre; qu'il aille, et que sa pensée lui soit légère!

La figure du jardin du Luxembourg n'a pas autant de régularité que celle du jardin des Tuileries, mais il est cependant facile de la saisir dans son ensemble.

C'est d'abord un parterre garni de fleurs, d'arbustes et de gazons qui se déroule en face du palais, enfermant dans sa partie centrale un bassin octogone, dont les ondes limpides réjouissent l'œil des marins qui pullulent sur les bords de la Seine. A droite et à gauche, des talus soutiennent des terrasses ombragées qui, à

vrai dire, forment la plus grande partie du jardin. Ces
talus, plantés de rosiers et clos jadis par une double balustrade de fer, vont se relier à la grande ligne de l'Observatoire, flanquée elle-même de deux immenses pépi-
nières. Les abords des terrasses sont ornés d'arbustes
charmants qui vous envoient leurs haleines embaumées
et une pluie de fleurs au moindre vent. Vous retrouve-
rez là le faux ébénier aux grappes d'or, l'épine rose
au doux arome, l'aubépine qui fait souvenir des
champs, tout cela fortifié par une arrière-garde de
marronniers gigantesques qui, au mois de mai, portent
vers les nues, comme des vases parfumés, leurs blanches
girandoles.

Mais laissons sur notre gauche cet élégant parterre,
et dirigeons-nous vers la nouvelle orangerie. Nous y
chercherons non pas des orangers, ces arbres jaunes,
rachitiques et sans grâce, que nous poursuivons d'un
culte insensé, mais quelque chose de plus curieux mille
fois, la démocratie de l'enfance. Ici plus d'oiseaux-mou-
ches aux ailes diaprées, plus de colibris, mais beaucoup
de passereaux, de linottes et de chardonnerets. Ici, plus
de toques, plus de bérets, plus de pourpoints, plus de
tuniques, plus de soie, plus de velours : la blouse du
soldat laboureur, le tartan du simple montagnard et
l'indienne non garantie ; aux pantalons des garçons, des
trous comme au manteau de Diogène, aux robes des
filles, des accrocs comme à la chemise de Frétillon. La
galerie est vide d'ombrelles et de marquises, mais elle
regorge de paniers et de cabas antiques.

Où êtes-vous, Corinthiens aux figures lavées trois fois
le jour, aux cheveux tourmentés par les dents de l'é-
caille ou lissés par une main noyée dans les dentelles ?

9.

On ne rencontre plus ces beaux enfants que nous admirions aux Tuileries, ces fronts hardis, ces fiers regards, ces tailles flexibles, mais déjà hautaines, de l'aristocratie. Nous sommes en pleine Bohème, et cependant nous admirons encore. Nous trouvons qu'un visage de cinq ans a son charme quand il est barbouillé ; nous ne haïssons pas les cheveux blonds en broussaille. Ceux de là-bas étaient plus jolis, ceux d'ici sont plus amusants. Sur la rive droite, le sourire était plus moelleux ; sur la rive gauche, la grimace est plus drôle. Aux Tuileries, nous trouvions plus de gentillesse ; au Luxembourg, nous remarquons plus de franchise. D'ailleurs nous avons tous vu dans les contes moraux ce qu'il en coûte pour convertir un ramoneur en enfant comme il faut. Une éponge, un peigne, quelques hardes, et c'est assez. Pauvres enfants, si vous êtes aussi rudes, aussi hérissés, c'est que vos mères n'ont pas les loisirs qu'on prête à la femelle de l'ours : elles n'ont pu vous bichonner tout à leur aise.

Tels qu'ils sont, ces espiègles, modèles de Charlet, vont et viennent avec une aimable insouciance. Leurs libres ébats font souvenir des poulains qui paissent dans les herbages de la Normandie. Rien ne peut contenir leur *furia francese,* ni la présence de l'invalide mutilé, ni le regard tendrement répressif de la grand'mère qui, assise sur le banc de l'orangerie, tricote, avec d'énormes lunettes sur le nez, un éternel bas bleu. Vous verrez là, dans sa fleur naïve, le gamin de Paris à qui l'héroïsme deviendra familier. Déjà il est sensible à l'honneur, il porte avec une dignité aisée la croix d'argent que lui a décernée le chef de la mutuelle ou le bon frère de la doctrine. Laissez pousser ce grossier bouton de fleur, et le fruit qui en sortira aura peut-être, dans son originalité sauvage, la saveur qui émouvra la foule. Mais n'anticipons pas sur l'avenir. L'heure présente seule nous appartient, profitons-en comme ces heureux bambins dont nous avons esquissé le profil. Ici on ne se livre guère aux jeux tranquilles des enfants du monde. On néglige souvent le cerceau, la balle et la corde pour les vives jouissances du saute-mouton et du cheval-fondu. Le proverbe inventé par les mères : « Jeu de mains, jeu de vilains, » subit de fréquentes atteintes. On se tape énormément dans ces lieux consacrés au plaisir ; mais, notre opinion étant que cela aguerrit le corps et l'esprit, nous ne jetterons aucun blâme sur ce passe-temps. Les écoliers de Lacédémone devaient se battre du matin au soir ; ce jeu faisait partie du programme des études.

Outre cette esplanade ouverte à l'enfance, on trouve encore, le long de la grande pépinière de l'Ouest, une avenue encaissée que les indigènes ont appelée la Petite-Provence du Luxembourg. Celle-ci jouit comme l'autre d'un climat favorisé, grâce à la muraille qui l'abrite et au plein midi qui l'échauffe, mais elle n'a que cet heureux trait de ressemblance. Autant la Provence des Tuileries est bien peignée, autant celle du Luxembourg est inculte et sauvage ; c'est au point qu'un petit garçon laborieux peut, en un jour de juin, y remplir deux fois sa voiture de pierres, et que, dans certains recoins, l'herbe y pourrait monter en graines. Outre ces agréments, bien appréciés par les amants de la simple nature, cette étroite enceinte jouit d'une admirable perspective. Au lieu de la pelouse grillée qui borne l'Éden des Tuileries, les habitués de cette promenade ont devant eux une pépinière fertile et savoureuse à l'œil. Des planches de fraisiers, où la baie charnue se mêle aux fleurs sans cesse renaissantes, des quenouilles chargées de poires, des vignes qui rappellent aux petits Hébreux du faubourg les raisins de la terre promise, voilà quels appétissants spectacles nous sont gratuitement offerts dans l'ancien jardin des Chartreux. On peut assister aux mystères de Pomone : on voit naître la fleur, on voit mûrir le fruit. Qu'importe ensuite si les lèvres de ce petit garçon s'altèrent de la soif de Tantale ? L'essentiel est qu'il s'instruise, et qu'il sache comment la nature s'y prend pour façonner une fraise, pour tourner une pomme ou pour souffler ce ballon de sucre qu'on nomme vulgairement un grain de raisin.

Le tambour retentit à nos oreilles ; voici que nous entendons résonner, dans l'allée de l'Observatoire, la voix mâle des officiers : « Garde à vous ! portez armes, en joue... feu... » Nous entrons dans le laboratoire où la chimie de nos officiers transforme un conscrit en soldat. Hélas ! pourquoi n'épargne-t-on pas à l'amour-propre du Français le spectacle de ces laborieuses métamorphoses ? pourquoi ne s'exerce-t-on pas dans l'intérieur des casernes ?

Jetons un dernier coup d'œil sur le terrain qui sépare les législateurs des astronomes. Suivons cette allée bordée d'orangers et de lauriers-roses ; laissons derrière nous ce kiosque où la rue de Vaugirard s'endort en lisant son journal, cette charmante réserve qui renferme de gracieuses allées, de fraîches pelouses, des cèdres du Liban, une joyeuse volière, et d'admirables collections de roses ; ne donnons pas grande attention aux équipages attelés de chèvres, les *four in hand* de l'enfance, qui nous dépassent; allons jusqu'au fond de l'allée de l'Observatoire, mais recueillons-nous à ce terme de notre course, car cette place a été inondée du sang d'un martyr.

Ici le brave des braves, Michel Ney, prince de la Moskowa, duc d'Elchingen, a reçu en pleine poitrine une décharge de balles françaises. Sa voix, en ce moment suprême, cria : « Vive la France ! » et son doigt montra son cœur, comme l'endroit où il fallait frapper. Le palais du Luxembourg, vu du côté du jardin et de la grande avenue, offre peut-être l'aspect le plus imposant et les proportions les plus belles, parmi les monuments analogues du reste de l'Europe. Tandis que le palais Pitti, de Florence, qui lui a servi de modèle, tandis que les Tuileries et les autres résidences princières se composent d'ordinaire d'un ensemble de constructions différentes d'époque et de style, et exécutées d'après les plans qu'il a fallu raccorder tant bien que mal les uns avec les autres, le chef-d'œuvre de Jacques de Brosse porte l'empreinte d'une puissante unité de conception et d'exécution. Bien qu'il ait fallu modifier suivant les circonstances cet édifice, qui, comme tous les grands édifices de Paris, a eu plusieurs destinations bien diverses, les changements faits avec mesure n'ont qu'à peine altéré cet ensemble majestueux.

Deux terrasses qui forment une sorte de demi-cercle, et qui sont séparées du bâtiment par une allée transversale, servent d'entrée à ce monument. Ces terrasses élevées au-dessus du niveau général du jardin, de manière à atteindre la hauteur des rues latérales, sont ornées depuis peu de temps de statues de reines et de femmes célèbres, qui composent le Panthéon féminin de la France. Ces statues, exécutées en général dans le sentiment un peu froid et un peu insignifiant de la sculpture de commande, ont en outre le défaut de n'être pas en proportion avec le jardin qu'elles décorent. On dirait ces nymphes et ces naïades en diminutif qui se cachent sous les ombrages et sous les massifs des Tuileries.

D'ailleurs les costumes historiques et presque obligatoires dont elles sont revêtues contribuent assez à leur donner l'aspect de poupées bien attifées, et présentent un spécimen des modes françaises aux diverses époques de notre histoire. Le nu ou les draperies de fantaisie des chefs-d'œuvre de la statuaire antique ont quelque chose de plus imposant et de plus artistique, dans le sens élevé de ce mot, que les corsages, les fourrures, les palatines, je dirai presque les manchons de toutes ces dames; les coiffures et les broderies surtout, toques, collets, fraises en dentelles, tresses ou torsades de cheveux, couronnes, manteaux, etc., voilà un attirail qui sort plutôt d'une boutique de modiste que d'un atelier de sculpture. Il faut pourtant être juste. Ce défaut était inévitable, et l'on devait s'y résigner en acceptant les données du programme. D'un autre côté, les amateurs des travaux de patience ont de quoi se satisfaire dans la contemplation de tous ces affiquets et de tous ces ajustements féminins, découpés et brodés dans le marbre; si ce n'est pas de l'art, du génie, c'est incontestablement de la fine orfévrerie en pierre. On remarque la statue de Clémence Isaure, due au ciseau de M. Préault, artiste excentrique, échevelé, romantique, et contre lequel a protesté jusqu'à la fin le jury d'exposition de Louis-Philippe. Il n'a fallu rien moins qu'une révolution pour que le public des curieux fût admis comme arbitre dans cette querelle entre la tradition et l'innovation ; et, selon la règle générale, la montagne en travail a enfanté d'une souris : on a reconnu chez M. Préault un talent naturel et très-vrai, qui, par esprit d'opposition, était un peu sorti de la bonne voie, et qui s'en rapprochera sans doute, maintenant que les plus grands écarts n'avanceraient à rien. Sa statue de Clémence Isaure le prouve. Elle n'offre aucune qualité et aucun défaut bien extraordinaires. M. Feuchères a signé sa statue de Marie de Médicis; ce morceau de sculpture a une grande valeur, et ne pèche que par les difficultés à peu près insurmontables du costume. Figurez-vous le grand costume de cour, les grands cols de malines, les paniers et les échafaudages de coiffures, sous Louis XIII, taillés en plein carrare. Je citerai aussi la sainte Clotilde de M. Klagmann ; la Jeanne Hachette de M. Bonnassier, et la Jeanne d'Arc de M. Rude. Nul ne conteste le talent qu'a déployé ce dernier pour reproduire l'héroïne la plus populaire de la France; mais, depuis la statue de la princesse Marie d'Orléans, on s'est accoutumé au type qu'adopta l'auguste artiste, et le public, qui n'abandonne plus un type une fois qu'il l'a consacré par son admiration, voit toujours la vierge de Vaucouleurs telle que l'avait représentée la princesse, levant les yeux au ciel et serrant contre son sein l'épée de sainte Catherine de Fierbois.

Au surplus, voici le nom des reines et des femmes célèbres dont l'image orne cette partie du Luxembourg; à droite, du côté de la rue d'Enfer: sainte Mathilde, la reine Berthe, Jeanne Hachette, sainte Geneviève, Marie Stuart, Clémence Isaure, la dame de Beaujeu, la du-

chesse de Montpensier, sainte Clotilde, et Anne de
Bretagne. Sur l'autre terrasse, du côté de la rue Vaugirard : Anne d'Autriche, Blanche de Castille, Valen-
tine de Milan, Anne de France, Marguerite de Valois,
plus connue sous le nom de la reine de Navarre ou de
la reine Margot; puis, Marie de Médicis, fondatrice du
Luxembourg, Marguerite de France, reine de Navarre,
Laure, cette beauté fantastique immortalisée par les
sonnets mystiques de Pétrarque, la reine Mathilde, et
enfin Jeanne d'Arc, la fille du peuple, dont la célébrité
domine de bien haut cette troupe de souveraines.

Les serres sont voisines du palais. Quoique suffisamment riches en végétaux précieux, elles ne présentent
ni l'étendue ni l'opulence des serres du jardin des
Plantes. Les pièces les plus curieuses de la collection
qu'elles renferment sont quelques plantes rares appartenant au jardin de l'École de médecine, annexé au
Luxembourg, et qui s'ouvre par une sorte de cour et
de porte bâtarde, rue d'Enfer. Je ne dois pas oublier
de dire que c'est aussi rue d'Enfer que se trouvent les
quelques maisons où demeurent les surveillants et l:
bibliothécaire. Quant à l'orangerie, elle est vaste et richement peuplée : on y pénètre par la rue de Vaugirard. Lorsqu'on fouilla la terre pour la construire, il y
a peu d'années, on découvrit, à une faible profondeur,
quelques fragments de plâtrages recouverts en partie
de peintures, et un vase d'argent renfermant un grand
nombre de monnaies romaines. Cet indice fut rapproché
des divers résultats qui avaient été obtenus dans des
fouilles antérieures, et on conclut que tout cet emplacement avait été occupé par un camp romain. En effet,
Sauval rapporte que, quand on creusa les fondements

du palais, on trouva, entre autres objets d'antiquité, un Mercure de bronze. « Ce Mercure, dit l'historien de Paris, n'avait pas plus de cinq à six pouces de haut : à l'ordinaire, il était nu et un pied en l'air, ou pour marcher ou pour voler ; mais, contre la coutume, il n'avait point de bonnet ; ses ailes lui sortaient de la tête, et

Fontaine de Jacques de Brosse.

sur la paume de la main droite il portait une bourse toute pleine. » D'autres fouilles, exécutées en 1801, firent découvrir une nouvelle figurine de Mercure, une Cybèle, quelques instruments destinés aux sacrifices, et, ce qui rend probable l'hypothèse d'un camp fortifié, des boucles, des agrafes, des débris de harnais, des boutons et un bout de fourreau d'épée. M. Gisors, en faisant travailler aux fondements de la nouvelle Chambre, trouva, de son côté, une infinité de fragments de tuiles et de poteries, des statuettes en pierre et une série de puisards : en un mot, l'on peut dire que le jardin et le palais du Luxembourg reposent sur une couche de ruines et de vestiges qui attestent le séjour prolongé d'une armée romaine.

Que le promeneur n'oublie pas de s'arrêter devant la gracieuse fontaine de Jacques de Brosse, que son mérite a fait attribuer par quelques-uns à Rubens.

Dans le parterre nord-ouest du jardin, a été placé le groupe remarquable de M. Garraud, *Adam et sa famille.* En face du grand bassin, *Archidamas s'apprêtant à lancer le disque,* par M. Lemaire.

Pour en revenir à l'orangerie et aux serres, il nous reste à parler des expositions d'agriculture, et surtout d'horticulture, qui s'y sont faites et qui s'y font de temps en temps. La science de cultiver les jardins, que n'ignoraient pas les anciens, et qui a inspiré un poëme latin au P. Vanières, remonte en France à une époque assez reculée, et quoique ce ne soit pas une science d'origine précisément nationale, les expositions de fleurs et de fruits qui se renouvellent fréquemment sur différents points de notre territoire prouvent que nous ne sommes pas, sur ce point, indignes de nos devanciers et de nos maîtres. Il paraît que la première société moderne organisée pour l'étude de la botanique fut créée à Padoue, vers le commencement du quinzième siècle. L'association fameuse de Sainte-Dorothée, en Hollande, remonte à une antiquité presque aussi respectable ; on voit que ses statuts furent revisés en 1660. A cette époque, la liste des confrères contenait déjà des noms de jardiniers mêlés avec des noms d'artistes, de magistrats, voire de princes et de grands seigneurs. Cette égalité devant la tulipe, et la persistance de cette confrérie, qui vit encore malgré plusieurs siècles de révolutions, suffisent pour donner une idée du fanatisme horticole qui règne dans les Pays-Bas depuis la guerre de l'indépendance.

En France, les jardiniers ont adopté saint Fiacre pour patron. Ce saint vivait dans un temps où, le sacerdoce n'étant point un état, tous ceux qui appartenaient à l'Église et n'avaient point de patrimoine prenaient honnêtement un métier pour vivre. Saint Fiacre occupait dans l'Église le rang de diacre ; il était en outre jardinier de profession ; le patronage des jardiniers lui revenait de droit, au même titre que celui des cordonniers à saint Crépin, et celui des voleurs au bon larron. Deux paroisses de Paris, Sainte-Marguerite (faubourg Saint-Antoine) et Saint-Médard (faubourg Saint-Marceau), célèbrent encore tous les ans avec pompe, le 30 du mois d'août, la fête de saint Fiacre.

La société d'horticulture de Paris, quoique la plus ancienne de la France, ne date que de 1827 ; ses expositions ont lieu toutes les années, tantôt aux Tuileries, tantôt au carré Marigny, dans les Champs-Élysées, mais le plus souvent à l'Orangerie ou dans toute autre partie du jardin du Luxembourg. Les jardiniers de profession et les jardiniers amateurs viennent se disputer les prix offerts aux plus heureux et aux plus habiles : il est vrai que le soleil, que la terre, que les autres agents naturels, quelle que soit leur part au résultat, ne concourent pas pour la récompense.

En général, on fait peu d'améliorations extraordinaires pour les fruits : les jardiniers se contentent de lutter de grosseur et de belle apparence ; il s'agit des produits, bien entendu. A peine si l'on voit, çà et là, quelque citrouille bizarrement déformée et contrefaite, quelque poire ou quelque pomme démesurée et revêtue, soit d'une inscription, soit d'une image plus ou moins excentrique. A part ces inventions assez rares, rien ne satisfait plus le goût esthétique et le goût physique que le coup d'œil offert par ces pyramides de fruits à l'air savoureux et appétissant, à la peau vernie et reluisante, que ces grappes de raisin venant du pays de Chanaan, que ces guirlandes de légumes dont on ne peut qu'admirer la taille, la fraîcheur, la bonne mine. Il faut l'avoir vu pour croire que des carottes, des navets et d'autres légumes tout aussi prosaïques puissent exciter à tel point la convoitise et revêtir une apparence si friande.

La floriculture est plus propre à éveiller l'imagination des jardiniers ; en effet, il leur est offert des prix pour chaque fleur nouvelle, pour chaque croisement inattendu, pour chaque couleur non comprise dans le programme que donne la nature. Aussi, quand on a jeté un coup d'œil d'admiration sur les éblouissantes couleurs de ces corbeilles de roses de camélias, d'œillets, sur ces plantes tropicales dont les fleurs brillent comme les diamants leurs compatriotes, on ne peut s'empêcher de regarder aussi ces prodiges si bien rémunérés et si difficiles à obtenir.

Les amateurs de profession et les horticulteurs seuls peuvent se reconnaître au milieu du dédale d'*orchidées*, d'*azalées*, de *calcéolaires* et autres familles rébarbatives, issues du grec ou tout au moins du latin, qui se sont emparées par droit de conquête du monde gracieux de la botanique. Depuis l'humble violette, depuis les *yeux de la vierge* ou le *ne m'oubliez pas*, dont les barbares ont fait le myosotis (*oreille de rat*), jusqu'au géant des fleurs, la Victoria regina, qui a quinze pieds de diamètre et qui sent la viande en putréfaction, tout est classé, noté, hellénisé, pour la grande satisfaction de messieurs les jardiniers savants et grecs jurés, comme personne ne l'ignore. Puisqu'il nous est interdit, à nous profanes, de pénétrer dans ce riant sanctuaire dont l'entrée est interdite par les ronces de l'érudition, disons adieu à ce prestige de parfums et d'éblouissements.

V. — LE JARDIN DES PLANTES.

C'est la promenade de tout le monde, du savant, du bourgeois, du curieux, de l'étranger, du flâneur; mais le jardin des Plantes est surtout fréquenté par les pensions parisiennes, les habitants du quartier, et le dimanche par la population commerçante et ouvrière des douze arrondissements. Pour embrasser d'un seul coup d'œil le jardin des Plantes, pour mesurer du regard ce sol couvert d'une immense végétation, il n'est pas nécessaire de chercher au dehors quelque haut sommet ou quelque monument. Derrière ces sommets massifs où le cèdre du Liban, planté par M. de Jussieu, étend ses larges rameaux, nous trouvons une éminence assez

Vue générale du jardin des Plantes.

élevée pour satisfaire notre curiosité. C'est là qu'est le labyrinthe, dont le point culminant sert de belvédère aux amateurs de belles vues.

L'horizon qu'on découvre du sommet du labyrinthe est un des plus beaux qu'on puisse contempler à Paris. Lorsque le soleil étincelle dans l'espace et projette des gerbes de lumière sur les dômes et les clochers des

Le cèdre du Liban.

églises, sur les toits ardoisés de la grande ville, sur la nappe de la Seine, on reste un instant ébloui. Le regard plonge dans cette vaste étendue, puis se repose ensuite sur ces masses de feuillage qui se déroulent dans l'enceinte de ce magnifique jardin.

10

En entrant par la porte d'honneur, ménagée au centre d'une belle gril'e circulaire, flanquée à droite et à gauche de marchands qui spéculent sur la voracité des ours, on pénètre dans cette partie du jardin réservée à la culture des plantes médicinales. Ces quatre carrés sont chers à Esculape et aux pauvres qui en reti-

Le belvédère.

rent d'excellentes tisanes, grâce à la générosité de l'administration. Un peu plus loin, les carrés du *fleuriste* avec leurs riches plates-bandes fournies des plus merveilleuses plantes créées par Dieu et perfectionnées par l'homme.

A gauche, nous laissons, en nous éloignant, les grands

massifs que les écoliers remplissent du bruit de leurs jeux. A voir ces *robinia* et ces *mimosa*, on pourrait se croire transporté dans quelque jardin de la Floride.

En suivant le flot des promeneurs, vous arrivez devant une des plus grandes curiosités du jardin des Plantes, devant les fosses aux ours. On se ferait diffici-

L'ours Martin.

lement une idée de l'adoration qu'ont pour ces robustes saltimbanques, qui se livrent à des exercices si variés, le badaud, le soldat et le bambin. On a beau narrer à ces avides spectateurs les effrayantes histoires qui vivent dans le souvenir du populaire, ils ne veulent rien entendre : les ours ont toutes leurs sympathies ; ils les contemplent avec délices et leur jettent une profusion de petits pains. Martin montant à l'arbre (tous les ours s'appellent Martin), tel est l'idéal poursuivi par le flâneur du jardin des Plantes. Si le redoutable acteur ne s'émeut pas de toutes les agaceries qui lui sont faites, s'il résiste à tous les cris et à tous les gestes provocateurs, s'il refuse de grimper au mât garni de nœuds planté au milieu de sa fosse, le Parisien, qui a quelquefois fait un long trajet pour venir jouir de ce spectacle, se retire plein de mélancolie.

Les ours ont trois appartements. C'est dans un d'eux que vécut Martin, premier du nom, qui a laissé une réputation colossale et fondé une dynastie.

En rebroussant chemin, nous voyons à droite un parc où paissent les brebis d'Abyssinie et les moutons d'Islande. Bien que ces animaux soient nés à quelques milliers de lieues les uns des autres, ils mangent fraternellement à la même table : touchant exemple donné aux hommes par des moutons! A gauche, sur notre route, voici des rennes de Laponie; puis au détour d'une allée apparaît le palais des singes, plus populaire encore que la fosse aux ours. Le vaudeville après le drame.

Le palais des singes est une nouvelle création. Autrefois la ménagerie ne possédait que quelques échantillons de cette famille si curieuse. Aussi ces individus étaient logés comme si leur ressemblance avec l'homme ne leur donnait pas le droit d'aspirer à une plus confortable habitation. Aujourd'hui ces messieurs ont un palais. Ils ont maison d'hiver et habitation d'été. Dans cette élégante rotonde, à travers laquelle le soleil pénètre sans résistance, ils ont tout ce qui rend la vie heu-

reuse aux bêtes : une certaine dose d'indépendance, de
l'air, des aliments sains et de la paille fraîche. Tous ces
hôtes grimaçants vivent à leur guise. Heureux peuple !
heureux animaux ! ils ont obtenu, grâce à leur ressemblance avec les badauds, ce que la société ne peut donner à tous ses enfants, un toit et du pain.

Le palais des singes.

En remontant du côté du jardin paysager, on se
trouve devant la ménagerie des animaux féroces. Ces
animaux, étant tous apportés de climats fort différents
du climat de la France, résistent plus ou moins longtemps aux changements brusques de température, de
nourriture et d'habitudes auxquels ils se trouvent soumis dans leur esclavage. Malgré les soins qu'on leur
donne, beaucoup dépérissent et meurent au bout de

quelque temps. Les animaux féroces sont enfermés dans des cages fort propres et munies de solides barreaux de fer. Une balustrade empêche les curieux imprudents de s'approcher de trop près. Là vivent les hyènes, les lions d'Afrique et d'Arabie, les louves et les jaguars.

C'est vers trois heures qu'a lieu le repas des bêtes

La Ménagerie.

féroces : moyennant un franc donné au portier gardien, on pénètre dans l'intérieur du bâtiment, et l'on assiste à ce banquet sanguinolent. Des masses de chair crue, broyée sous les dents des hyènes et des tigres, disparaissent en un clin d'œil, et ces animaux, levant leur gueule dégouttante de sang, promènent sur les spectateurs des regards qui causent toujours une certaine émotion,

en dépit de la solidité des barreaux qui mettent les curieux à l'abri de toute atteinte. Il est difficile de rester
longtemps dans cette galerie : une odeur âcre, ou, pour
parler plus correctement, une puanteur sans nom vous
prend à la gorge et vous force bientôt d'aller respirer
le grand air.

Derrière cette ménagerie des animaux féroces sont
des niches où l'on tient enchaînés des chiens domestiques de différents pays. Ces chiens vivent en bonne
intelligence, et multiplient même avec des louves ; leurs
métis ont eux-mêmes la faculté de reproduire, ce qui
démontre jusqu'à l'évidence, malgré l'opinion expri-
mée par Buffon, que le chien et le loup sont deux va-
riétés de la même espèce.

Voici maintenant l'éléphant, qui prélève chaque jour
une part proportionnée à son mérite, sinon à son volume, de l'immense gâteau qui se consomme par par-
celles autour des ménageries. Depuis qu'il a quitté l'A-
sie, sa patrie, il n'a pas un seul mauvais tour à se
reprocher. Son cornac lui impute, au contraire, une
complaisance et une débonnaireté ridicules à l'égard
des mauvais plaisants qui lui font avaler des cailloux
déguisés en brioches. Il paraît que l'éléphant, à qui on
s'était plu à accorder une intelligence hors ligne dans
la grande famille des êtres, ne serait au contraire qu'un
très-pauvre sire. L'éléphant a vécu pendant des siècles
sur une réputation usurpée.

On n'a pas oublié l'histoire de la première girafe qui
vint à Paris. Envoyée par Méhémet-Ali à Charles X,
elle traversa la France au milieu d'un perpétuel triomphe. A Paris ce fut du délire. Tout fut à la girafe. Habit
à la girafe, robe à la girafe, la girafe partout et toujours.

L'imagination du peuple n'abandonna cette bête monumentale que lorsqu'il l'eut contemplée et admirée des pieds à la tête. Cette pauvre girafe, dont les commencements avaient été si brillants, est morte dans l'oubli, il y a quelques années; elle a été remplacée par une autre qui est arrivée sans tambour ni trompette, et qui vit,

Maison de l'éléphant et de la girafe.

pour ainsi dire, incognito. Dans le même enclos que celui de la girafe et de l'éléphant, habitent des zèbres, des tapirs, des buffles, un dromadaire et un pécari que son parfum repoussant signale à l'odorat du passant, des oies rieuses, etc., etc.

Le promeneur s'arrête avec complaisance devant l'enclos des tortues, ces lentes voyageuses qui, comme l'aiguille de nos horloges, font tant de chemin sans que l'œil s'en aperçoive ; singuliers animaux auxquels il repousse un œil, et dont on peut vider la cervelle par un trou pratiqué dans le crâne sans leur ôter la vie.

De là vous allez aux reptiles qui occupent aujourd'hui l'ancienne habitation des singes. On éprouve toujours, en face de ces animaux, un secret effroi mêlé d'une inexplicable curiosité. Chacun semble vouloir regarder, mais n'être pas vu de cet œil fixe et magnétique. Les reptiles du jardin des Plantes passent leur vie à manger des lapins et à dormir, genre d'existence qui excite peu l'imagination.

Quand on a parcouru toutes les allées du jardin, quand on a vu tous ces animaux, quand on a respiré le parfum de toutes ces fleurs recueillies sur tous les points du globe, on a encore à visiter les serres fermées au public. Ces serres s'ouvrent parfois à un petit nombre de priviligiés. C'est une bonne fortune de pouvoir être introduit dans ces splendides demeures où les sens perçoivent des voluptés inconnues. Rien de plus beau que l'intérieur de ces édifices de verre. Tout à coup, en sortant des noires allées de sapins qui s'étagent sur la colline du labyrinthe, on se trouve transporté dans un climat brûlant, au milieu de ces puissants végétaux que le soleil du tropique fait jaillir comme de vertes fusées d'un sol exubérant. L'impression causée par ce contraste est difficile à définir On éprouve dès l'entrée un éblouissement qui n'a pas encore cessé lorsqu'on a repris sa promenade au dehors. La Seine, entrevue de loin, se couvre de ces palmiers, de ces cocotiers, de ces bananiers qui se dressaient dans les serres, et il faut un effort pour ne pas rêver du Nil ou du Gange. Les trésors de végétation qu'on vient d'admirer, les parfums qu'on respire encore, les animaux qu'on a contemplés, vous donnent l'idée d'un monde nouveau qui va brusquement se fermer derrière vous.

Les grandes serres.

Il nous est impossible de faire, à propos des promenades parisiennes, le dénombrement des qualités ou des vices de tous les animaux qui vivent dans le jardin des Plantes, tels que les civettes, le guépard d'Abyssinie, le tapir, l'alpaca, les autruches, les macreuses, etc., etc. Nous nous rendons donc tout droit, en sortant de notre visite aux animaux, à la cour plénière des oi-

seaux qui babillent sous le treillage de leur prison :
perroquets, perruches, kakatoës, aras, gens sans cœur
que la captivité ne peut rendre taciturnes, impudents
esclaves qui se trouvent suffisamment heureux pourvu
que leur plumage reluise. Mais il est difficile de se défendre d'une certaine pitié devant les quelques cages

Galerie de botanique et bibliothèque.

silencieuses où veillent, l'œil fixe et désespéré, le crâne
chauve et meurtri, les ailes pendantes et fatiguées, tous
ces fiers aventuriers de l'air, princes ou brigands que
nous appelons condors, aigles ou vautours. Chez ces
sauvages amants de la voûte céleste, vous ne rencon-
trerez aucune faiblesse, aucune concession à la force

qui les opprime. Après les vautours bruns d'Égypte, des Pyrénées et d'Algérie, vous trouverez les aigles, les pygargues, les milans, les buses, qui se nourrissent de proie vivante ; le carraca, regardé au Brésil comme le plus grand ennemi des animaux de basse-cour, et enfin le grand-duc, le représentant des oiseaux de proie nocturnes.

Maison de Buffon.

Des cages des oiseaux vous arrivez à la faisanderie. Cette construction est entourée par derrière de plusieurs petits parcs où sont élevés des oiseaux rares de l'ordre des gallinacés et des échassiers. On y voit des hérons, des butors, des aigrettes, des goëlands. Dans la loge de la faisanderie, on remarque des foulques, des courlis, des paons, des ramiers, des faisans, des demoiselles de Numidie.

Depuis peu on a construit dans l'allée qui longe la rue Buffon un vaste bâtiment occupé par la *Bibliothèque et les galeries de Botanique, de Géologie et de Minéralogie.* A l'extrémité de cette allée, se trouve la *Maison*

Galerie de zoologie.

de Buffon, habitée par lui depuis 1773 jusqu'à sa mort. Par le nombre et l'importance des galeries qu'il renferme, le jardin des Plantes est un établissement unique. Il compte cinq galeries qui contiennent des collections riches et variées, faisant l'admiration de tous les savants. Ce sont les galeries de Zoologie, de Minéralogie, de Géologie, de Botanique et d'Anatomie comparée.

Il n'est pas du cadre de ce guide d'entrer dans les détails nécessaires pour l'énumération des merveilles contenues dans ces galeries. Nous renvoyons, à cet effet, au guide spécial des musées. Disons seulement, comme

Galerie d'anatomie comparée.

résumé, que dans aucun pays on ne trouve des collections aussi complètes. On remarque surtout, dans les galeries d'Anatomie comparée, les squelettes des animaux anté-diluviens, et ceux d'individus de toutes les races humaines; de plus, les squelettes de quelques célébrités historiques, entre autres ceux de l'assassin de Kléber, du nain Bébé et de la Vénus hottentote ; n'oublions pas la collection nombreuse de crânes moulés ou conservés, dont plusieurs proviennent de personnages historiques.

VI. — LE PALAIS-ROYAL.

De toutes les promenades de Paris, celle où nous entrons maintenant est la moins champêtre et la moins *naturelle*. Quelques lignes d'arbres, d'un âge encore tendre et d'une santé équivoque, quelques pauvres plates-bandes autour de deux maigres parallélogrammes de gazon, un bassin immonde, au sein duquel les nuages se dépouillent de leurs chastes couleurs pour revêtir une même nuance grise et fangeuse, tels sont les charmes agrestes du Palais-Royal. C'est la moins fraîche des oasis parisiennes. Tandis que le boulevard plonge sa tête dans l'air pur des Champs-Élysées et ses pieds dans les libres espaces de la Seine ; tandis que les Tuileries touchent à la campagne par la glorieuse avenue de Neuilly ; tandis que le Luxembourg se suffit à lui-même, grâce à son étendue, comme si la verte guirlande des boulevards extérieurs ne se déroulait pas à ses portes ; tandis, enfin, que le jardin des Plantes respire à pleine poitrine l'âcre parfum de ses bosquets alpestres et l'odeur plus sauvage encore de ses bêtes fauves, le Palais-Royal languit au milieu du plus aride des déserts, au milieu d'un Sahara composé de rues infectes et de maisons noires comme des blocs de houille. En vain l'immense palais forme

Palais-Royal.

autour de ce jardin une espèce d'enceinte fortifiée, une
sorte de bataillon carré ; il a peine à le protéger contre
l'océan de moellons qui gronde au pied de ses murs.
Pressées au nord, par la rue Vivienne, au midi, par la
rue Saint-Honoré, à l'orient, par la rue de Valois, et à
l'occident, par la rue Richelieu, ces humbles lignes
d'arbres n'ont pas un seul abri à vous offrir. Partout où
vous dirigerez vos pas, la capitale vous poursuivra de ses
grands éclats de voix, et la foule aboiera derrière vous
comme un monstre familier.

Aussi le Parisien, amoureux et poëte, n'a-t-il jamais
beaucoup hanté ce square ouvert aux impétueux courants de la multitude ; il a pu le traverser, comme Virgile ou comme Horace, à la poursuite de quelque rêve
bucolique, mais il n'y a point fait séjour ; il a laissé la
possession de ce domaine bruyant et doré à ses véritables
maîtres, les gourmands et les joueurs.

En sortant de la Galerie vitrée, nous embrassons le
jardin dans toute son étendue, et nous en découvrons le
plan comme s'il était dessiné sur une feuille de papier.
Rien n'est plus simple : un vaste parallélogramme avec
un bassin de 20 mètres de diamètre environ au centre,
avec deux pelouses ornées de plates-bandes et de grilles
à chaque extrémité, avec plusieurs lignes de sycomores,
fort jeunes encore, à droite et à gauche, voilà le fameux
jardin du Palais-Royal. Il n'est pas de rentier du Marais qui ne puisse se procurer, dans une moindre proportion, un dessin aussi savant et aussi poétique. Le premier jardinier venu vous arrangera cela aussi bien que
Kent et que le Nôtre. Le premier des deux gazons que
nous abordons, celui du midi, est égayé de trois statues
dont l'une est une Diane à la biche, en bronze, toute

noire et toute désolée d'avoir aussi peu d'agréments physiques. Derrière une statue de marbre blanc, sur une
simple borne de granit, est braqué le canon-horloge du
Palais-Royal. Personne n'ignore qu'un peu avant midi,
lorsque le soleil rayonne dans le ciel, un groupe de badauds se forme dans ce lieu et autour de cette pacifique

Galerie vitrée.

pièce d'artillerie. Partira-t-il, ou ne partira-t-il pas?
Est-il midi, ou n'est-il pas midi? *That is the question.*
Il arrive fort souvent que le canon ne fait pas explosion; mais, lorsqu'il se décide à parler, il dit un
gros mensonge. Les astronomes vous expliqueront pourquoi cette bruyante horloge ne peut pas être exacte.

Nous avons au début flétri le bassin du Palais-Royal
de l'épithète la plus dure; nous l'avons appelé immonde.
Hélas! il ne justifie que trop bien ce vigoureux adjectif.
A l'exception du jour où le jet d'eau lance dans les airs
sa gerbe irisée, il est toujours encombré des plus indignes objets. Si quelque Narcisse se penche sur ce mi-

Cafe de la Rotonde.

roir pour y contempler ses traits, il recule d'horreur
en n'apercevant dans le limpide cristal qu'une effroyable
vase mêlée d'herbes, de feuilles d'arbre et de papier.
Le chien qui tombe dans cet égout en sort couvert de
limon, comme s'il venait de chasser le canard sauvage
au fond de quelque marais. Nous demandons l'assai-

nissement de cet égout, au nom de la santé publique et de l'honneur national.

A la suite du second et dernier parallélogramme de verdure, qui ne renferme rien de remarquable, nous nous trouvons dans une large avenue, bornée au midi par la pelouse, au nord par le Café de la Rotonde, à l'est et à l'ouest par deux lignes d'arbres. Ce lieu partage avec la Galerie vitrée l'honneur d'être un point de rendez-vous connu du monde entier. Mais il possède bien d'autres priviléges : c'est là que les politiques sans foyer viennent lire leur journal; c'est là que se promènent au printemps les artistes dramatiques sans emploi; là viennent faire grève les Agamemnon ou les Buridan de province. Dans quel département, dans quel climat, sous le ciel de quel théâtre porteront-ils leur sceptre ou leur poignard? Feront-ils pleurer le Midi ou rire le Nord? Questions pleines d'angoisses, que les directeurs de spectacle tranchent ordinairement avec des chiffres, laissant peu de marge au libre arbitre de ces messieurs. C'est là aussi que les bonnes d'enfants et les nourrices viennent causer de leurs affaires. Nous ne dirons rien des enfants du Palais-Royal, parce qu'ils ont généralement peu de grâce et de beauté. Nous ne savons s'il se fait un triage aux portes, et si on ne laisse entrer que les individualités le moins heureusement douées; mais il est certain qu'on ne rencontre plus guère ici la désinvolture superbe des Tuileries ou naïve du Luxembourg; c'est de la plate gaminerie.

Dans l'allée Montpensier se retirent de préférence les quelques promeneurs élégants de ce jardin, les couples attirés par la vieille réputation du café de Foy. En été, durant les chaleurs, on dresse des tables entre les marronniers, et la scène s'anime. Ces plateaux chargés de sorbets et de glaces, ces vives causeries sous les feuillages, tout cela rappelle un moment les cafés de Venise ou de Naples.

Le Perron, qui ouvre son étroite issue à un fleuve de passants, est entouré de curiosités de plusieurs genres. Au-dessus se trouve un fameux cercle littéraire, accompagné d'un dentiste et d'un pédicure. A droite, sous le péristyle Valois, derrière les colonnes bariolées d'affiches, vous rencontrez le séduisant étalage de Corcelet, le rival de Chevet, qui demeure à l'autre extrémité du Palais-Royal. Corcelet et Chevet! deux grands noms, deux illustres noms bien chers à ceux d'entre les Parisiens qui ont adopté la devise de Brillat-Savarin, et qui sont convaincus avec cet aimable gourmand, que la table est le seul endroit où l'on ne s'ennuie jamais pendant la première heure. Quoi qu'il en soit, si l'un des plus piquants aphorismes de l'auteur de la *Physiologie du Goût* est fondé, si *la destinée des nations dépend de la manière dont elles se nourrissent*, Corcelet et son confrère ont mérité des couronnes, car ils font tout ce qu'ils peuvent pour que la France se nourrisse bien. A gauche du Perron, sous le péristyle Montpensier, se dresse un des plus amusants théâtres de Paris, le théâtre du Palais-Royal, ouvert pour la première fois le 6 juin 1831, sous les auspices de MM. Dormeuil et Charles Poirson. Chacun connaît l'histoire de l'ancienne salle Montansier, égayée tour à tour ou à la fois par MM. Sainville, Levassor, Achard, Ravel, etc., et par la Sophie Arnoud du dix-neuvième siècle, Virginie Déjazet. Nous nous bornerons à dire que les queues du théâtre Montansier sont parfois plus formidables que celles du Théâtre-Français. Nous n'avons pas épuisé, il s'en faut beaucoup, mais nous avons suffisamment effleuré notre sujet pour nous croire autorisé à conclure. Triste conclusion ! Comme jardin, le Palais-Royal n'existe pas ; comme asile du plus beau commerce de Paris, il se meurt. Bien que renfermant dans son sein de nombreux éléments de prospérité, bien que soutenu par une antique popularité et par d'anciennes habitudes, bien que placé dans une situation admirable, il s'affaisse sur lui-même comme un vieillard à l'époque de la décrépitude.

On a curieusement recherché les causes de la ruine du Palais-Royal ; on l'a attribuée à la fuite de ces nymphes fardées qui meublaient autrefois les galeries, à la chute des maisons de jeu, à l'attraction magnétique, à la force centrifuge qui précipite Paris vers Batignolles ; à mille autre motifs encore. Nous admettons toutes ces raisons ; mais, à nos yeux, il en existe une plus forte et plus décisive dont on n'a point parlé. Le Palais-Royal a été tué par le voisinage des grandes et petites Messageries. C'est à travers la rue Notre-Dame-des-Victoires, la rue Coq-Héron et le passage Véro-Dodat qu'a soufflé le vent mortel. Voyant que toutes les coquetteries, que tous les sourires du Palais-Royal s'adressaient aux étrangers et aux provinciaux ; voyant que tout était sacrifié à la rage de plaire à l'Europe ; qu'il n'y avait plus d'agaceries pour lui ; que ces restaurants, que ces cafés, que ces bijoutiers, que ces changeurs, que ces tailleurs à prix fixe, que ces modistes, que ces peintres en miniature ne travaillaient plus pour lui, le Parisien, indigné et jaloux, se retira en modifiant légèrement le mot de Scipion, et en disant : « Ingrate patrie, tu n'auras pas mon or ! »

Le Palais-Royal se serait consolé peut-être de cette rupture, mais il arriva que les provinciaux et les étrangers, troupeau avide de nouveautés, et aussi troupeau routinier, *servum pecus*, s'élancèrent à la poursuite des indigènes, et commencèrent bientôt à déserter le Palais-Royal. Il en résulta qu'une foule de boutiques devinrent vacantes, et qu'un grand nombre de marchands firent de mauvaises affaires. Aujourd'hui la plainte est générale, et, si l'on n'emploie un remède héroïque, tout ce monde qui vit dans le Palais-Royal sortira par ses cent quatre-vingts arcades ouvertes, et portera ses pénates ailleurs.

Nous devons cependant faire exception pour les restaurants et les cafés ; Véry, Véfour, les Frères Provençaux, voire même *les* 40 *sous*, auront toujours un public qui n'oubliera jamais le Palais-Royal à cause d'eux ; les cafés de la Rotonde, de Foy et autres, avec leurs centaines de mille francs en petites cuillers, prouvent ainsi qu'il y a quelques affaires possibles dans cette vaste oasis. A propos du café de la Rotonde, rappelons ici ce personnage dont la réputation retentit jusqu'au delà des mers, ce garçon dont le cri original, *boum*, résonnait si souvent dans le jardin pendant les soirées d'été. *Boum*, comme on l'appelait, est mort dernièrement, et mort fou.

Il y a des gens qui ne peuvent résister à la bonne fortune.

Mais, quoi qu'il arrive, le Palais-Royal ne disparaîtra pas sans postérité ; il nous laissera un héritier plein d'avenir, un héritier doué de toutes les grâces et de toutes les séductions de la jeunesse, un héritier plus haut et plus passionné mille fois qu'il ne le fut lui-même..... Cet héritier..... vous l'avez nommé : c'est le Boulevard.

VII. — **BOIS DE BOULOGNE.**

Des promenades de Paris le bois de Boulogne est la plus vaste. C'est le *Hyde-Park* parisien, le promenoir des équipages et des cavaliers. Ce bois, aujourd'hui si mondain, si élégant, doit à la dévotion le nom qu'il porte. Des bourgeois de Paris construisirent, en 1319, au retour d'un pèlerinage au village de Menus-lès-Saint-Cloud, une église semblable à celle de Boulogne-sur-Mer, d'où ils revenaient.

Bientôt il s'éleva aux environs des couvents et des châteaux ; les couvents ont disparu, des châteaux il ne reste que peu de chose, le plus ancien est celui de Madrid, qui n'est plus qu'un simple restaurant. François Ier fit construire Madrid à son retour d'Espagne. Plus tard, Marguerite de Navarre, première femme de Henri IV, en devint propriétaire, et Madrid, délaissé depuis la mort de son fondateur, retrouva sa splendeur première. Louis XIII y séjourna plusieurs fois; Louis XIV le dédaigna; Louis XV y fonda, en 1724, une chapelle sous l'invocation de saint Louis, et Louis XVI signa, en 1784, l'ordonnance qui autorisait la démolition de ce château. Cette œuvre de destruction ne fut consommée entièrement qu'en 1793. Il ne reste aujourd'hui aucun vestige de l'ancien Madrid, et rien dans le restaurant qui porte ce nom ne rappelle le palais d'été de François 1er.

La Muette, située sur la lisière du bois près de Passy, fut d'abord une fauconnerie ; Charles IX en fit un rendez-vous de chasse ; plus tard la duchesse de Berry, fille du régent, en fit son séjour favori. Après la mort de cette princesse, Louis XV fit réparer le château et étendre les jardins. La ville de Paris donna dans cette royale résidence, en 1790, un banquet qui réunit vingt mille fédérés. Après la Révolution, la Muette se transforma en un établissement orthopédique ; aujourd'hui elle est la propriété de M. Evarot, qui en a fait une jolie habitation.

Bagatelle est né d'un caprice du comte d'Artois, depuis Charles X ; le château fut construit en soixante quatre jours, et coûta 600,000 livres. Il appartient aujourd'hui au marquis d'Hertfort.

Le Ranelagh fut toujours une salle de danse. Un garde du bois obtint du maréchal de Soubise, gouverneur du château de la Muette, l'autorisation de construire sur une pelouse, un café et un restaurant ; depuis, le Ranelagh a eu des fortunes diverses. Il fut fréquenté par la meilleure compagnie, qui vint y danser à la suite de Marie-Antoinette ; sous le Directoire, les Romains et les Athéniens s'y rencontrèrent ; aujourd'hui c'est le bal d'été des dames du quartier Bréda.

Le bois renferme encore un monument historique, c'est la croix de Catelan, élevée par ordre de Philippe le Bel à la mémoire d'un célèbre troubadour du onzième siècle, Arnaud Catelan.

Les châteaux dont nous venons de parler firent surgir dans les communes environnantes de jolies maisons de

plaisance ; à Passy, le château de la princesse de Lam-
balle, qui est aujourd'hui occupé par le docteur Émile
Blanche; l'hôtel Valentinois qu'occupa Franklin; Boileau
et Molière habitèrent Auteuil, et aujourd'hui encore
Passy et Auteuil sont habités pendant l'été par l'élite de
la population parisienne.

La Porte Maillot

Napoléon III vient de faire du bois de Boulogne un
parc. Au mois de juin 1852, la ville de Paris obtint de
l'État la cession du bois de Boulogne, à la charge par
elle de subvenir à toutes les dépenses de surveillance,
d'entretien et d'embellissement; tout a été transformé depuis cette époque. Le bois de Boulogne ne comptait

auparavant que la mare d'Auteuil et la mare aux Biches;
aujourd'hui nous avons un lac long de 450 mètres et
large de 65. Aucun pont ne conduit d'une rive à l'autre;
mais le lac est sillonné de batelets et de barques élégantes. Ce lac est devenu très à la mode, et c'est au

Lac du bois de Boulogne.

bord de cette *serpentine* du bois de Boulogne que l'on
va prendre le frais. Tous les soirs d'été, trois ou quatre
cents voitures, qui se suivent à la file, parcourent les
abords de ce lac microscopique qui a cependant d'énormes rochers, des rochers authentiques qu'on a fait venir
de Fontainebleau.

En face de la porte Maillot, une des entrées du bois

de Boulogne, a été construite la chapelle Saint-Ferdinand, sur l'emplacement où le duc d'Orléans a rendu
le dernier soupir.

Cet édifice, formant une croix grecque, s'élève au milieu d'un enclos planté d'arbres. Il est d'un style byzantin,
mitigé par quelques détails d'architecture antique. Il

Chapelle Saint-Ferdinand, à Sablonville.

renferme une statue, dernière œuvre de la princesse
Marie.

VIII. — **PALAIS DE L'INDUSTRIE.**

La principale façade du palais de l'industrie, qui se développe parallèlement à la grande avenue des Champs-Élysées, offre un avant-corps au milieu et deux pavillons aux extrémités. L'entrée, qui se trouve dans l'avant-corps, est formée par une porte monumentale en plein cintre, de la hauteur de deux étages. Elle est flanquée de quatre colonnes corinthiennes et surmontée d'un attique où l'on a sculpté un bas-relief représentant l'Agriculture, l'Industrie et les Arts, avec le buste de l'Empereur au milieu. Au-dessus s'élève la statue colossale de la France distribuant des couronnes aux vainqueurs. Des deux côtés de cet avant-corps se détachent les parties latérales, divisées en deux étages par une frise sur laquelle on a inscrit les noms des hommes illustres dans les sciences utiles, tandis que les entre-colonnements des fenêtres supérieures sont ornés des noms des principales villes de France.

Pénétrons dans l'intérieur du monument. Nous nous trouvons au centre d'un vaste édifice qui présente une longueur de 252 mètres sur une largeur de 108 mètres. Il est divisé en trois nefs longitudinales, dont la plus grande, dite le transept, ne mesure pas moins de 30 mètres de haut. Les deux nefs latérales sont coupées, à la hauteur du premier étage, par une galerie qui règne tout à l'entour, et qui s'avance jusque dans l'intérieur du transept, de telle sorte qu'il reste au milieu un espace vide de 190 mètres de long sur 18 de large. C'est dans les galeries inférieures et supérieures qui entourent le transept, que sont exposés les produits. Les

Entrée principale du Palais de l'Industrie.

chefs-d'œuvre des industries dépendant des beaux-arts, telles que l'orfévrerie, la bijouterie, la céramique, les bronzes et les meubles, occupent les places d'honneur autour du transept. La galerie supérieure, au pourtour de la nef, est ornée de draperies, au milieu desquelles brillent des lustres suspendus au centre des caissons. On a placé, aux deux extrémités du transept, de grands vitraux coloriés de 80 mètres de long sur une hauteur maximum de 20 mètres; ces vitraux sont l'œuvre de M. Maréchal. Les appréciations diffèrent à l'égard de ces immenses peintures; leurs dépréciateurs eurent un moment le dessus, car il fut sérieusement question de les enlever. Malgré tout, cependant, ils ont été laissés en place.

Le palais de l'Industrie présente, au rez-de-chaussée, une surface de 27,000 mètres carrés, et dans les galeries supérieures, une surface d'environ 18,000 mètres carrés. C'est, par conséquent, tant au rez-de-chaussée qu'aux galeries supérieures, une superficie totale de 45,000 mètres carrés. On avait espéré d'abord pouvoir faire tenir toute l'Exposition des produits de l'industrie universelle dans cet espace. Mais il n'a pas fallu longtemps pour reconnaître que ce n'était pas possible. La grande exposition de Londres, à Hyde-Park, n'occupait pas moins de 86,000 mètres carrés. Or, comment songer à renfermer notre exposition dans une enceinte près de moitié moindre? Certes, toute la surface du palais de Hyde-Park était loin d'être utilement occupée; nous devions nous montrer plus difficiles, plus sévères pour l'admission des produits. Cependant la différence des espaces était trop considérable pour que le bâtiment des Champs-Élysées pût aspirer à recevoir tous

Élévation et vue à vol d'oiseau du Palais de l'Industrie.

les produits, réellement
dignes du concours, que
les diverses nations nous
enverraient.

Il a donc été néces-
saire de construire une
annexe. On a en con-
séquence élevé, sur une
longueur de 12,000
mètres, une vaste gale-
rie qui couvre tout le
quai, y compris les ar-
bres des contre-allées,
depuis la place de la
Concorde jusqu'à Chail-
lot. C'est une surface
de 30,000 mètres car-
rés que l'on a ainsi ajou-
tée à l'emplacement de
l'Exposition. Mais à me-
sure qu'on entrait en re-
lation avec les comités
de tous les pays, on se
trouvait en face de ré-
clamations qui portaient
toutes sur l'exiguïté de
l'espace accordé, et dont
quelques - unes étaient
trop légitimes pour
qu'on ne s'efforçât pas
d'y faire droit. Après
avoir hésité sur les

Galerie annexe du palais de l'Industrie.

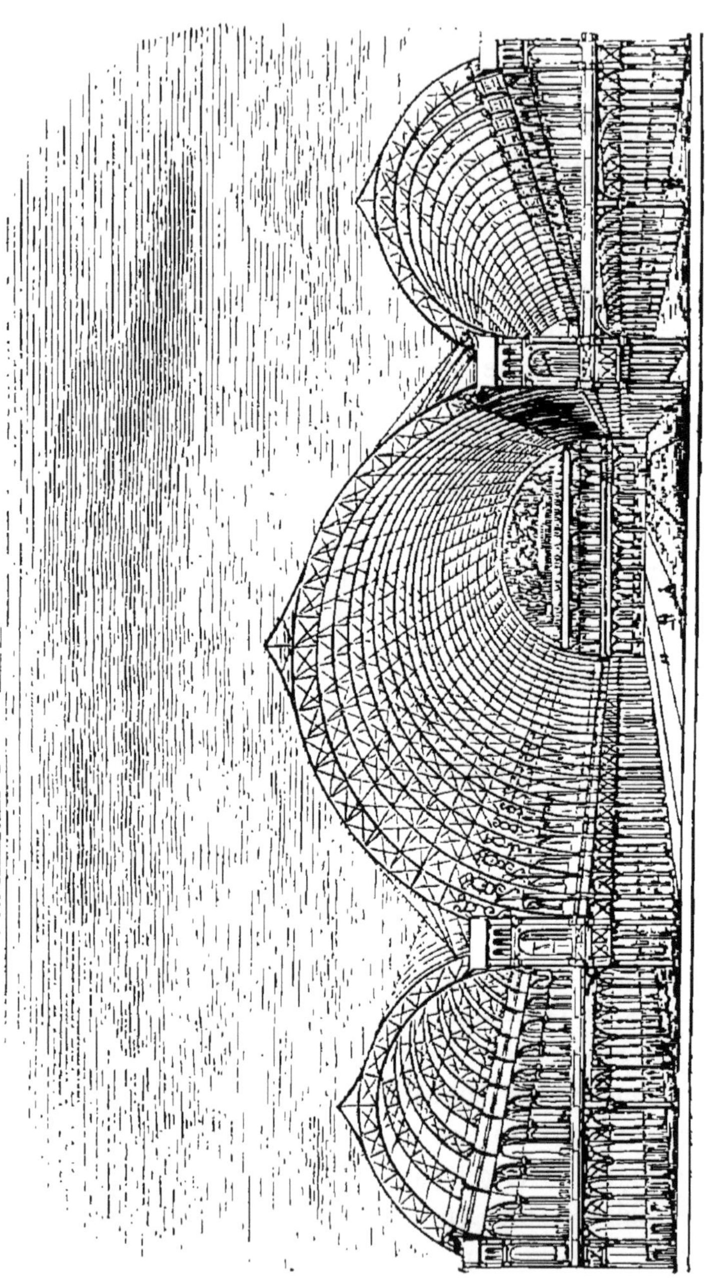

Coupe du Palais de l'industrie.

moyens à employer, on s'est décidé à établir des galeries dans la partie supérieure de l'annexe, ce qui
a permis de conquérir encore plus de 8,000 mètres,
et de satisfaire ainsi aux demandes nouvelles qui avaient
été admises par la commission.

Ainsi la surface totale, occupée par l'Exposition universelle, embrasse, d'une part, 45,000 mètres dans le
bâtiment principal, et, d'autre part, plus de 38,000 mètres dans l'annexe, ce qui représente environ 84,000
mètres, soit un espace presque égal à celui de l'Exposition de Londres, où comme nous venons de le dire
beaucoup de place avait été gaspillée, ne fût-ce qu'en
buffets, restaurants, etc.

Le palais est plus spécialement consacré aux produits
manufacturés proprement dits ; l'annexe du bord de
l'eau a reçu principalement les machines et les matières
premières ; des chaudières à vapeur permettront de
mettre les machines en mouvement, comme à l'Exposition de Londres.

La commission a d'ailleurs tiré le meilleur parti possible de l'espace dont elle pouvait disposer. Sur les
45,000 mètres de superficie qu'offre le bâtiment principal dans les deux étages, il y en a près de 4,000 occupés par le milieu du transept qui forme la grande
avenue. Il en restait par conséquent 41,000 sur lesquels
la surface utilisée est de 14 ou 15,000 ou de plus du
tiers, le surplus consistant en avenues et en passages se-
condaires aménagés de façon à ce que le public puisse
circuler facilement et ne négliger aucun produit.

Les plus grands soins ont été donnés pour que les produits se montrent avec tous leurs avantages et sans se
nuire les uns aux autres. On a soumis les vitrines ou les

12.

cases des différentes catégories à des dimensions uniformes. Leur profondeur, leur hauteur, l'élévation de
leur soubassement, tout c la a été réglé. On a laissé,
d'ailleurs, liberté entière aux exp· sants de disposer leur
installation comme ils l'entendaient, en restant dans ces
limites. Il n'y a eu d'exception que pour ceux qui, étant
admis aux honneurs du transept, devaient d'abord faire
approuver leurs projets.

Ajoutons que la commission, fidèle à la pensée qui
a inspiré l'Exposition universelle, a apporté la plus
haute impartialité dans la répartition de l'espace entre
les différentes nations. Des 84,000 mètres de surface
totale occupés par l'Exposition, la France en a 37,000,
soit moins de la moitié, tandis que l'Angleterre s'en
était réservé à Hyde-Park, 50,000 sur 86,000. Après
la France, c'est l'Angleterre, comme cela devait être,
qui obtient la plus grande part. On lui donne 15,000
mètres, soit près des deux cinquièmes de ce que nous
occupons, tandis qu'elle ne nous avait accordé, à Londres, qu'un peu plus du cinquième de la surface qu'elle
s'était attribuée. Le Zollverein a 8 à 9,000 mètres, au
lieu de 7,000 qu'il avait à Londres; l'Autriche, 5 à
6,000, au lieu de 4,000; la Belgique, 4,500, au lieu de
3,500; la Suisse, 1,800, au lieu de 1,100; etc., etc. Il
est impossible, comme on voit, de mettre plus de cour-
toisie dans la lutte pacifique à laquelle nous avons con-
vié les peuples du monde entier.

Si nous portons plus spécialement notre attention sur
la répartition de l'espace dans le bâtiment principal,
nous trouvons une nouvelle preuve des sentiments d'é-
quité qui ont guidé la commission. Sur les 45,000 mètres
qu'il présente, la France n'en a que 19,000; l'Angle-

terre en a 8,500, ou près de la moitié de ce que nous nous sommes réservé ; le Zollverein, 4,500; l'Autriche et la Belgique, chacune environ 2,500; etc. L'emplacement attribué à la France embrasse le rez-de-chaussée de tout le côté nord et le milieu des galeries situées au-dessus. L'Angleterre occupe environ la moitié du sud ; les États-Unis, la Belgique, l'Autriche et le Zollverein occupent l'autre moitié ; ils ont également la partie correspondante des galeries supérieures. Nous avons dit que la France ne prenait que le milieu du premier étage du côté nord : elle a à sa gauche, l'Espagne, le Portugal et la Suisse ; à sa droite, la Sardaigne et les autres États d'Italie.

On peut, par ces indications, se faire une idée des dispositions générales de l'Exposition universelle, une des plus brillantes qui ont eu lieu jusqu'à ce jour, et à laquelle les nations sont représentées par les produits les plus beaux de leurs arts et de leur industrie.

Le Palais de l'exposition des beaux-arts, situé avenue Montaigne (ancienne allée des Veuves) est parfaitement approprié a sa destination. Jamais les artistes n'ont été à pareille fête ; le Palais est construit à la façon d'un gigantesque atelier de peinture. Trois vastes salons se succèdent, et sont plus spécialement consacrés à l'exposition des grandes toiles. A gauche est la salle de sculpture ; les petits tableaux sont placés dans de vastes galeries circulaires, qui, comme les salons, sont éclairées par en haut. Les écoles de peinture et de sculpture du monde entier ont envoyé leurs chefs-d'œuvre à ce Palais des beaux-arts, construit sur les dessins de M. Lefuel, architecte du Louvre.

TABLE DES MATIÈRES.

Pages.

FIN DE LA TABLE.

Guide en Allemagne.
Guide en Espagne.

Guide dans Bruxelles.
Guide dans Londres.
Guide dans Vienne.
Guide dans Rome.
Guide dans Florence, etc., etc.

HISTOIRE POLITIQUE ET SOCIALE

DES

PRINCIPAUTÉS DANUBIENNES

Par M. Élias REGNAULT.

Un fort vol. in-8°, précédé d'une carte du pays des Roumains.

Prix. . . . . 6 fr.

TABLEAU

DE LA TURQUIE ET DE LA RUSSIE

Par MM. JOUBERT et F. MORNAND.

Un volume in-4°, contenant 162 gravures, avec deux magnifiques vues de Cronstadt et de Sébastopol et une carte du théâtre de la guerre.

Prix. . . . . 7 fr. 50

COURS D'ÉTUDES

COMPLET ET GRADUÉ POUR LES FILLES

PAR

Deux anciennes Élèves de la Maison de la Légion-d'Honneur
ET **L. BAUDE,**

Ancien professeur au collége Stanislas.

Divisé en 6 années ou 12 semestres,

Pouvant suppléer tous les livres qui se rapportent aux diverses
parties de l'instruction, et dispenser du pensionnat.

LES 13 VOLUMES SONT EN VENTE.

Tem 1er, 1re an.. 1er sem.	Prix :	1 50 c	1 75 c	vert liseré.
— 2e, — 2d —	—	2 50	2 75	— uni.
— 3e, 2e an , 1er sem.	—	2 50	2 75	violet liseré.
— 4e, — 2d —	—	2 50	2 75	— uni.
— 5e, 3e an., 1er sem.	—	3 »	3 25	aurore liseré.
— 6e, — 2d —	—	3 50	3 75	— uni
— 7e, 4e an., 1er sem.	—	3 50	3 75	bleu liseré.
— 8e, — 2d —	—	3 50	3 75	— uni.
— 9e, 5e an., 1er sem.	—	3 50	3 75	nacarat liseré.
— 10e, — 2d —	—	4 »	4 25	— uni.
— 11e, 6e an., 1er sem.	—	4 50	4 75	blanc liseré.
— 12e, — 2d —	—	4 50	4 75	— uni.
— 13e, vol. complément.	—	5 »	5 25	

On peut prendre séparément chaque année, et recevoir
franco, par la poste, en joignant 50 c. au prix de chaque
volume broché.

BIBLIOTHÈQUE DE POCHE

Variétés curieuses et amusantes des Sciences, des Lettres et des Arts,

PAR

UNE SOCIÉTÉ DE GENS DE LETTRES ET D'ÉRUDITS.

EN VENTE ·

Curiosités littéraires.
Curiosités bibliographiques.
Curiosités biographiques.
Curiosités des traditions, légendes, usages.
Curiosités de l'archéologie et des beaux-arts.

SOUS PRESSE :

Curiosités des inventions et découvertes.
Curiosités philologiques et ethnologiques.
Curiosités anecdotiques.
Curiosités militaires.
Curiosités historiques.

Prix du vol. : 3 fr.

TABLEAU DE PARIS

PAR EDMOND TEXIER,

Ouvrage illustré de plus de 1,500 Gravures

Exécutées sur bois par Best, Leloir, Holstein, Fessard, Lavieille, Porret, Lavoignat, etc.

D'après les dessins de Blanchard (Phar.), Champin, Forest, (E.) Français, Gavarni, J.-J. Grandville, Janet-Lange, Lami (Eugène), Pauquet, Renard, Roussel, Valentin, Vernet (Horace), etc., etc., etc.

Représentant Paris sous tous ses aspects et à toutes ses époques :

Vues générales — les promenades — les boulevards — les places publiques — la Seine — les ponts et les quais — les monuments — les édifices de l'État et les institutions politiques — les académies, les facultés, les écoles — les palais et hôtels remarquables des particuliers — les musées et les galeries publiques et privées — les bibliothèques — les théâtres — les jardins et les lieux publics de réunion — les rues et les passages — les cours de justice et les tribunaux — les églises et les monuments religieux — les cimetières — les catacombes ou Paris souterrain — les halles et marchés — l'édilité parisienne — les chemins de fer — les barrières — les environs de Paris ou Paris *extrà muros* — les hommes célèbres et les grotesques — les journaux et les journalistes — les ateliers et les rapins — les magasins et les boutiques — les restaurants et les cafés — les grandes et les petites industries — les mœurs et les modes — etc.

2 vol. grand in-4° de 400 pages, à 15 fr. le volume broché ;
20 fr. reliure percaline tranches et fers dorés.

ŒUVRES POSTHUMES

DE

LAMENNAIS

PUBLIÉES SELON LE VOEU DE L'AUTEUR

PAR E. D. FORGUES.

LA DIVINE COMÉDIE.

CORRESPONDANCE.

MÉLANGES POLITIQUES.

EN VENTE :

L'ENFER.

Un fort vol. in-8°, précédé d'une Introduction sur la vie, les doctrines et les œuvres du Dante.

Prix. . . . . 7 fr. 50 c.

Les deux autres volumes, *le Purgatoire* et *le Paradis*, sont sous presse.

Les trois volumes. . . . 17 fr. 50 c.

www.ingramcontent.com/pod-product-compliance
Ingram Content Group UK Ltd.
Pitfield, Milton Keynes, MK11 3LW, UK
UKHW020828120726
13693UKWH00002B/539